Den Himmel auf die Erde holen

Aus der Arbeit eines Mediums mit der medialen Medizin

Vorwort

Seit über zwanzig Jahren arbeite ich mit der Medialität. In unzähligen Vorträgen, Kursen und Seminaren habe ich vielen Menschen gezeigt, wie schnell und effektiv meine Arbeit sein kann.

Dazu kommen die vielen Patienten, denen ich einen neuen Weg aufzeigen konnte.

Immer wieder wurde ich gefragt, was ich denn alles mit der Medialität machen könne und wie genau sie funktioniere.

In vielen Fällen fehlte mir einfach die Zeit, es den Interessierten genau zu erläutern.

Dann kam mir die Idee, über meine Tätigkeit ein Buch zu schreiben. Der Titel: „Den Himmel auf die Erde holen" ist meine Aufgabe in meinem chinesischen Horoskop. Also wurde daraus der Titel meiner Arbeit als Medium.

Vor allem gebührt Dank meiner Partnerin Inga Pichner. Sie hat quergelesen, zugehört, korrigiert und viele eigene Ideen mit eingebracht. Ohne sie wäre das Buch so nicht zustande gekommen.

Danke sagen möchte ich Dr. Hermann Schramm für seine Begleitung als Freund und Motivator.

Danke auch für die unzähligen Patienten, die mich ermuntert haben, das alles aufzuschreiben.
Lassen sie sich inspirieren, was alles möglich ist in meinem Beruf als Medium.

Ich wünsche Ihnen viel Spaß beim lesen,

Herzlichst Ihr

Peter Freiherr von Frankenberg

Einleitung

Seit über 20 Jahren arbeite ich mit der Energetik und der Medialität, um andere Menschen schnell und effektiv dabei zu unterstützen, körperliche Erkrankungen und mentale Muster aufzulösen. Es ist eine Arbeit, die tiefe Erkenntnisse erteilt über den Aufbau der Psyche von Individuen und deren Verhalten. Zudem gewährt sie Einblicke in vergangene Leben und die Auswirkungen auf unser heutiges Dasein. Diese Erinnerungen übernehmen wir in unser heutiges Dasein und sie kommen wieder zum Tragen, wenn wir uns nicht von ihnen befreien.

Die Arbeit als Medium ist wichtig, denn sie erklärt uns Zusammenhänge in unserem Leben, die sonst im Dunkel der Geschichte geblieben wären. Ein besseres Verständnis hilft uns mit schwierigen Situationen in unserer Existenz leichter und gelassener damit umzugehen.

Viele sehen diese Tätigkeit des Mediums als Humbug, Scharlatanerie und Geldschneiderei an. Wer aber einmal die Vermittlung von Informationen und Energie durch ein kompetentes und professionelles Medium erlebt hat, der weiß, welche Hilfe ihm zuteil wird.

In einer Zeit, die sich gravierend verändert, bekommt der mediale Vermittler einen neuen Stellenwert. Er wird zum Berater der Menschen, die sich in schwierigen Situationen befinden, die Unterstützung benötigen, um entweder wieder gesund zu werden oder neue Wege gehen zu wollen.

In den letzten Jahren ist die Beratung von Firmen und Unternehmen hinzugekommen. Durch meine kompetente Medialität und langjährige psychologische Erfahrung können aufwendige Einstellungsverfahren eingespart werden, denn ich prüfe die Kompatibilität des Bewerbes mit der des Betriebes und finde so den passenden zukünftigen Mitarbeiter.

Zudem untersuche ich die Motivation von Angestellten. Durch gezielte Maßnahmen zur Wiederherstellung einer positiven Einstellung zur Firma werden Stärken gefördert und Schwachstellen beseitigt.

Ein Medium unterstützt somit auch in schwierigen Zeiten das optimale Funktionieren eines Unternehmens, ein Wohlfühlen des Personals, was wiederum eine hohe Kundenzufriedenheit bedeutet.

Medium sein bedeutet Verantwortung zu übernehmen, damit sich Entwicklungsprozesse positiv gestalten und die gesteckten Ziele erreicht werden. Über zwanzig Jahre Erfahrung sorgen für die kompetente Umsetzung dessen, was sie erreichen wollen in ihrem Leben.

Immer wieder wurde ich in den letzten Jahren gebeten, ein Buch über meine Medialität zu schreiben, wie sie funktioniert und wie ich sie bei meiner täglichen Arbeit anwende. Diesen

Gefallen habe ich ihnen hiermit getan und ich freue mich, sie einladen zu dürfen in eine andere Welt, die uns aber näher ist, als wir oft ahnen. Sie öffnet ihnen eine neue, spannende Sichtweise, denn es dreht sich um ihr Leben.

Medialität

Ein Medium zu sein, bedeutet soviel wie Informationen und Energie zwischen einer anderen, uns noch unbekannten Dimension und der Realität zu vermitteln. Wir besitzen alle eine Intuition, die wir mehr oder weniger nutzen. Manchmal bemerken wir sie z.B. dann, wenn wir in bestimmten Situationen das Gefühl haben, diese schon einmal erlebt zu haben oder diese Situation bereits zu kennen. Diese Dèjavù Ereignisse sind gar nicht so selten und sagen aus, das in jedem von uns eine solche Kraft steckt. Bei dem Einen entwickelt sie sich im Laufe des Lebens und bei Anderen, so auch bei mir, brach sie spontan aus.

Es war im Jahr 1987. Im Sommer besuchte ich ein Ausbildungsseminar zum Reinkarnationstherapeuten.

Die Reinkarnationstherapie ist eine besondere Form der Psychotherapie. Durch sanfte Entspannungsmethoden werden die Klienten in vergangene Leben oder die eigene Kindheit zurückgeführt. Dort gelingt es durch nochmaliges bewusstes Erleben einer traumatischen Situation eine Verarbeitung herbeizuführen und somit den Heilungsprozess einzuleiten.

Ich hatte mich immer schon für dieses Thema interessiert, und erhoffte mir weitere Informationen über meine eigene Vergangenheit.

Es entwickelte sich daraus weitaus mehr, als ich mir hätte in meinen kühnsten Träumen vorstellen können.

Der Ausbildungsleiter, ein sehr erfahrener Mann, leitete das Seminar ein, indem wir mit den Grundbegriffen der Wiedergeburt vertraut gemacht wurden. Am dritten Tag suchte er einen Freiwilligen, mit dem er eine komplette Rückführung abhalten wollte. Wie der Zufall oder auch nicht, es wollte, war ich der Proband.

Zunächst brachte er mich in eine tiefe Entspannung. Dann sah ich vor meinem inneren Auge mehrere Leben ablaufen mit denen ich mich gut identifizieren konnte. Mit einem Dasein demonstrierte er, wie man sich einem besonderen Problem stellt und es durch ein nochmaliges Durchleben langsam auflöst. Das Experiment endete mit einem Blick auf meine Zukunft. Denn so wie man in die Vergangenheit reisen kann, ist es auch denkbar, sich eine mögliche Zukunft anzuschauen. Einige persönliche Bilder traten in den Vordergrund, zumeist waren es Ausblicke auf die nächsten zehn bis fünfzehn Jahre.

Nachdem er mich wieder in die Realität geholt hatte, sollten alle als Hausaufgabe auf den Zimmern des Hotels in dem wir wohnten und arbeiteten, noch einmal üben.

Meine damalige Frau und ich hatten uns mit einem schwäbischen Pärchen angefreundet. Unsere Partnerinnen wollten gemeinsam üben, so dass Tommy, eigentlich Thomas, und ich uns in ein anderes Zimmer zurückzogen. Da er es aber schnell langweilig fand, begannen wir vorzeitig mit unserer Zukunft.

Aber es kam anders als wir es dachten. Jeder, der einmal in einem Star-Wars Film war, weiß wie er beginnt. Eine goldene Schrift kommt von unten und zieht sich verkleinernd nach oben, hinten weg. Tommy hatte sich vorgenommen, als allererstes nach den Lottozahlen des kommenden Wochenendes zu fragen. Stattdessen rollte sich genau dieses Star- Wars -Bild vor meinen mentalen Augen ab. Nur der Text war anders. Es wurden keine Informationen über fremde Galaxien und böse Mächte dargestellt sondern persönliche Botschaften, die mich und meine zukünftige Arbeit betrafen. Mein schwäbischer Freund kam beim Aufschreiben ganz schön ins Schwitzen, aber der größte Teil ist überliefert.

Nachdem die letzten Sätze erschienen waren, holte er mich wieder in die Gegenwart zurück.

Wir waren beide so erstaunt, dass wir zunächst erst einmal unseren Frauen erzählen mussten von diesem merkwürdigen Ereignis. Regina, Tommies Freundin, äußerte, das müsse eine Person erfahren, die ebenfalls an diesem Seminar teilnahm. Nämlich ein weibliches Medium aus Frankfurt, die sich in diesen Dingen gut auszukennen schien.

Wir fanden sie in ihrem Zimmer und berichteten über das soeben Vorgefallene. Mit einem seltsamen Blick schaute sie mir in meine erstaunten Augen und klärte uns auf, was sie sah.

Es wurde eine Einweihung in die Medialität und ich konnte nun Dinge sehen, spüren und empfinden, die anderen Menschen versagt blieben. Sie hatte noch eine besondere Aufgabe an mir durchzuführen. Sie schnappte mich und wir bewegten uns in ein anderes Zimmer, wo wir uns beide gegenüber auf einen Stuhl setzten. Sie nahm

11

meine Hände, schloss ihre Augen und ich konnte intensiv spüren, wie es in ihrem Körper arbeitete. Als sie sie wieder öffnete, schoss plötzlich ein goldener gedrehter Pfeil aus ihrem dritten Auge in meines hinein. Dieser Energiestrahl drang ein, ich spürte eine Wärme, die mir unheimlich erschien. So etwas Eigenartiges hatte ich noch nie erlebt.

Das Medium ließ mich los. Eine Hitze durchströmte meine Hände und sie begannen heftig zu kribbeln. Aus der Mitte meines Körpers floss gleichförmig Energie ins Zimmer. So wurde ich unverhofft und voller Erstaunen zum Medium.

Die neue Kollegin erklärte mir, dass sie zwei verschiedene Fähigkeiten deutlich gespürt hätte. Zum einen könnte ich Menschen genau beschreiben, wie sie sind, und woher ihre Probleme kommen und zum anderen mittels Energiearbeit das auflösen, was als tiefer Schmerz in ihnen steckte.

Alles braucht seine Zeit, um erst einmal verarbeitet zu werden. Und wie der Zufall oder das Leben es nun einmal so wollte, tauchte einigen Wochen nach unserer Rückkehr in Flensburg eine Dame auf, der ich die Vertiefung und das Begreifen meiner neuen Gaben zu verdanken hatte. Barbara wurde meine Mentorin in den ersten Jahren, die mit mir Ungeduldigen immer wieder übte und dafür sorgte, dass die ersten Ratsuchenden zu mir kamen.

Zunächst trainierte ich diese Tätigkeit neben meinem eigentlichen Beruf. Bald merkte ich, dass ich mich nur für eine Sache entscheiden konnte. Entweder ich blieb bei meinem alten Arbeitsgebiet oder ich müsste mich mit meiner ganzen Seele auf die neue Arbeit als Medium einlassen. Für das zweite habe ich mich entschieden und in den letzten zwanzig Jahren blieb es immer wieder spannend, weil diese Tätigkeit viel interessanter für mich ist, als das was ich vorher gemacht habe.

Mit der langjährigen Erfahrung kam die Energetische Chirurgie hinzu, die Arbeit mit dem Unterbewusstsein und die Sicht in das AKASHA-Feld. Alles zusammen bildet die Mediale Medizin, wie ich sie heute betreibe.

Hier kommen nun die wichtigsten Erklärungen aus meiner täglichen Arbeit:

Das mediale Ärzteteam

Eine Hilfestellung darf nicht unerwähnt bleiben in diesem Buch. Und das sind meine unermüdlichen Helfer auf der anderen Seite der Realität. Immer wenn ich mit einem Patienten arbeite, sind diese zur Stelle, um Energie an die richtige Stelle zu lenken.

Wie können sie sich das nun vorstellen? Auf der anderen Seite, in der nichtmateriellen Welt existieren die Seelen nach ihrem Ableben weiter. Genauso, wie sie ihr letztes Leben verlassen haben. Und sie besitzen neben ihrem angelernten Wissen und Erfahrungen auch noch eine ganzheitliche Sichtweise in die Ebene der Energien.

So nehmen sie einen Patienten ganz anders wahr als wenn sie auf der Erde weilen würden. Sie entdecken Zusammenhänge und können den Patienten ganz anders diagnostizieren, als wenn sie hier unter uns als Menschen weilen würden.

Sie bilden für jeden Patienten ein eigenes Ärzteteam. Denn jeder Patient hat ein individuelles Problem. Also benötigen die Patienten eigene Teams, die in ihrer Zusammenstellung einzigartig sind. Und darum können sie umso besser helfen, je individueller das Team ist.

Wer aber sind diese Seelen?

In meiner Arbeit spüre ich sie als eine Art Energie neben mir. Es ist eine Atmosphäre ähnlich wie in einem Behandlungsraum oder Operationssaal.

Die einzelnen Teammitglieder wechseln bei den Behandlungen. Sehr oft arbeite ich mit einem ungarischen Orthopäden und einer koreanischen Handakupunkteurin zusammen. Daneben erscheint

14

noch ein amerikanischer Schönheitschirurg, der aus Texas stammt. Seine ursprüngliche Ausbildung war die eines Kardiologen, bis er durch einen Freund überredet wurde, eine Schönheitsklinik aufzumachen. Er verdiente wahnsinnig viel Geld, war handwerklich gut, aber selbst 3 Herzinfarkte konnten ihn nicht stoppen, diesen Weg weiter zu gehen. Er starb in seiner eigenen Klinik.

Diesen Lebenslauf hat mir die Seele erzählt, weil er gerne bei Operationen Kontakt zu anderen Kollegen hat. Andere wiederum machen ihre Arbeit, ohne dass sie etwas über ihre Herkunft, Ausbildung, Erfahrung und Lebenslauf berichten. Ich stehe auf dem Standpunkt, dass wenn mir jemand nicht freiwillig etwas erzählt, ich auch nicht nachfrage.

Ich schätze die Zahl der Helfer auf mehrere Hundert, denn manchmal sind bis zu fünf bis acht „Kollegen" hilfreich tätig. Sie unterstützen meine Arbeit und ich wäre ohne sie sicher aufgeschmissen. Dank bekommen sie von mir nach jeder Behandlung, denn es sind für mich Freunde, die mir helfen. Sie führen still ihre Behandlungen durch und nach getaner Arbeit sind sie dann verschwunden.

Die Patienten nehmen sie im Allgemeinen nicht wahr. Aber manche spüren doch die Anwesenheit und sagen es mir. Aber keiner hat je gesagt, das er sich fürchte, sondern es war für sie ein angenehmes Gefühl von Ruhe und Behütet sein. Somit danke ich ihnen von ganzem Herzen und hoffe, das wir noch viele Jahre im Team verbringen können!

Psychosomatik und Energie

Körper, Geist und Seele bilden im Menschen immer eine Einheit. Wird eine dieser Ebenen beschädigt oder verletzt, wirkt sich das auch auf die anderen beiden Schichten aus. Verletzungen können körperlicher wie auch psychischer Herkunft sein. Sie entstammen oft auch vergangenen Leben, wurden damals nicht geklärt oder zumindest nicht in die Verarbeitung gebracht und belasten so latent den heutigen Menschen. Er weiß nichts von der Problematik, sie lebt unbewußt in ihm weiter.

Wenn nun in einem Körper über Jahre hinweg ein Problem besteht, dann kommt es automatisch zunächst auch im energetischen Körper zu einer Fehlfunktion. Denn energetischer und materieller Corpus sind untrennbar miteinander verbunden und beide kommunizieren ständig miteinander.

Es kann sich nun auf zweierlei Arten äußern, nämlich durch ein Zuviel oder Zuwenig an Energie. Beides führt zur Belastung und damit letztendlich zur Somatisierung des Problems.

Man kann oft Wochen oder Monate vorher im energetischen Körper die beiden Zustände erkennen. Denn sie zeigt sich auf der mentalen Ebene lange bevor sie ins Bewusstsein dringt.

Bei den Patienten treffe ich häufig auf Unverständnis da sie selber noch keine Veränderungen oder Schmerzen verspüren. Ich versuche den Menschen dann klar zu machen, das es erst später zu körperlichen Reaktionen kommen wird, weil die Veränderungen zunächst im mentalen, d.h. im energetischen Bereich entstehen. Diese sind durch falsche Verhaltensweisen entstanden, wenn über einen längeren Zeitraum keine Umgestaltungen durchgeführt worden sind. Sie sind schon im Unterbewusstsein vorhanden, aber werden nicht vom Menschen wahrgenommen.

Ein Patient ließ sich von mir untersuchen aus allgemeinen Gründen. Beim Knie angekommen fragte ich ihn, ob er dort Beschwerden hätte. Er verneinte, dies sie noch nie der Fall gewesen. Ich wiederholte den Vorgang zur Sicherheit und kam wieder zu dem gleichen Ergebnis. Eine energetische Veränderung war für mich sicht- und fühlbar.

Ich riet ihm zwecks Abklärung einen Orthopäden aufzusuchen. Das hat er aber nicht gemacht, lange Zeit später erfuhr ich, dass sich in seinem Knie ein Tumor entwickelt hatte. Dieser hatte wohl ein sehr langsames Wachstum, so das, wäre er umgehend zum Arzt gegangen, der Unterschenkel gerettet werden können. Das Bein musste ihm ab dem Knie amputiert werden.

Nicht immer müssen die Fälle in der Praxis so dramatisch verlaufen, jedoch sollte jeder Behandler, der über solche Fähigkeiten verfügt, den Patienten darauf drängen, er sich von Fachkräften untersuchen lässt.

Denn wenn ein betreffender Körperteil mit zu wenig Energie versorgt wird, führt dies zu Mangelerscheinungen an dieser Stelle. Die normalen Ruhephasen sind dann zu kurz, um sich regenerieren zu können. Er ermüdet schneller und besitzt nicht mehr die volle Funktionsfähigkeit. So erkrankt dieses Stück des menschlichen Körpers mit der Zeit, da er es sich nicht erholen kann.

Im Energiekörper sind alle Verletzungen, Verwundungen, Krankheiten und Todeskämpfe aus dem heutigen Dasein enthalten aber auch die aus unseren vergangenen Leben. Das Universum vergisst nie und wir müssen unser Karma, d.h. das Schicksal in uns tragen bis wir uns dieser Geschichte stellen und lernen es aufzulösen.

Was ist Energie?

Diese Frage ist nicht so leicht zu beantworten, obwohl wir die Wirkungsweise täglich spüren. Denn überall begegnet sie uns. Ein Lehrsatz ist der, das „Alles aus Energie ist und wieder zu Energie wird." Dies bestätigt die allgemeine Relativitätstheorie von Albert Einstein mit der wir uns an dieser Stelle nicht näher beschäftigen wollen.

Zunächst muss man klären, woraus Energie eigentlich besteht. Als mediale Antwort bekomme ich immer wieder die Aussage, dass die Energie aus Molekülen einer anderen, uns benachbarter Dimension stammt. Sie liegt parallel zwischen Zeit und Raum. Beides, Zeit wie Raum können sich beherrschen, so dass es zu einer Wechselwirkung kommt. Wir können Energie mental beeinflussen und die Energie kann Menschen, Materie, Zeiten und ganze Situationen verändern.

Sie besteht, wenn sie aus dem anderen Raum zu uns hinüber kommt, aus neutraler Energie. Sie ist sozusagen völlig frei von jeder Information. Die bekommt sie erst, wenn es von einem Menschen oder einem Geschehen praktisch belegt wird. Das Ereignis hinterlässt eine Spur, dort wo es gesagt, gedacht oder getan wird. Es hat eine Information gespeichert. Gleichzeitig mit der Belegung tritt es wieder in die verwandte Ebene über und bleibt somit jenseits von Zeit und Raum erhalten.

Sensible Menschen können aber an dem Ort, wo etwas passiert ist, die Informationen mittels ihrer

Medialität wieder abrufen und auch analysieren. Oder wenige Hellsichtige vermögen es, auch aus der Entfernung solche feinstofflichen Daten zu erhalten, indem sie von sich aus mittels ihres Geistes an den betreffenden Ort gehen und die Angaben abrufen. Diese Art zu arbeiten wird remote viewing genannt.

Jedes Molekül wird nur mit einer Vorgabe belegt und behält trägt die Info in sich, bis sie entweder über einen unendlich langen Zeitraum vergeht oder durch bestimmte Ablöseprozesse des Menschen gelöscht wird.

Woher aber die Energie eigentlich kommt, die sich ja im gesamten Kosmos befindet und ständig im Übermaß zur Verfügung steht, bedarf einige tiefergehende Ausführungen, die den Rahmen des Buches sprengen würden.

Sie ist immerwährend vorhanden und kann durch unsere Gedanken zu allen möglichen Zwecken benutzt werden. Sie entsteht permanent neu und vergeht wieder. Es ist also ein großer Kreislauf, den wir mit unseren heutigen Gedanken und Methoden nicht fassen können. Wir benutzen sie nur. Die meisten Menschen tun dies allerdings sehr unbewußt. Sei es, das sie es nicht wissen, dass es solche Möglichkeiten gibt oder, das sie sich diesen Möglichkeiten verschließen. Nur diejenigen, die damit ganz bewusst arbeiten, haben die Chance, mehr aus sich und ihrem Leben zu machen.

Es gibt nur eine Form der Energie, allerdings in verschiedenen Frequenzen. Der Lehrsatz „Hoch hemmt tief„ kommt hier zum tragen. D.h. die höhere energetische Frequenz behindert niedrigere in ihrer Wirkung oder kann sie sogar vollkommen ausbremsen. Ein richtiger Magier, der Abläufe verändern kann oder ein Heiler, der es versteht, wirklich Abhilfe für seine Kranken zu schaffen, arbeiten mit sehr hohen Frequenzen.

Man bekommt aber nur dann die Möglichkeit mit ihnen zu arbeiten, wenn die Persönlichkeit des Therapeuten konform mit dieser Energie läuft. Die Energie muss durchfließen können durch die Person. Wenn er gravierende Blockaden körperlicher und /oder psychischer Natur hat, bleibt die Energie hängen und versickert nur in den eigenen energetischen Körper und seiner Probleme.

Bei dem Patienten muss die Bereitschaft zur ganzheitlichen Heilung vorhanden sein damit eine Wiederherstellung seiner Gesundheit möglich wird.

Sei es nun Reiki oder Energiearbeit mit anderen Namen, es handelt sich bei allen um die gleiche Art der Energie. Das energetische Prinzip bleibt immer das Gleiche. Und jeder kann mit diesen Energien arbeiten. Sei es zur Zielverwirklichung der Persönlichkeit oder im medizinischen Sektor.

Im esoterischen Bereich gibt es deshalb unendlich viele Methoden und Möglichkeiten, die allesamt das gleiche Prinzip beinhalten. Sie werden nur deshalb immer wieder anders genannt, weil der jeweilige Entdecker seine eigenen Wertvorstellungen mit eingebracht hat. Seine Sicht hat diese energetische Methode geprägt und eine Lehrmeinung daraus gemacht. Das gleiche Prinzip ist bei mir natürlich nicht vorhanden und soll auch nicht wertend verstanden werden.

In der energetischen Medizin arbeiten wir sehr konzentriert mit dieser Kraft. Ob wir es allerdings immer nur wir selber sind, die behandeln und operieren, ich glaube es nicht immer. Obwohl ich nicht in Trance falle, habe ich manchmal das Gefühl, als ob jemand meine Hände führt. Es mag vielleicht nur ein Eindruck sein, der trügt. Jedoch kommt es mir in den Sinn, dass diese andere Seite des Öfteren die Führung übernimmt, damit ein optimales Ergebnis in der Diagnostik und Therapie erzielt wird.

Energie kann auf die verschiedensten Arten gespürt oder wahrgenommen werden. Viele verspüren dabei eine Wärme, seltener ein Kältegefühl. Auch ein Ziehen, ein Kribbeln oder ein Strömen sind normale Anzeichen für das Funktionieren der Energiearbeit.

Manche können Energie auch sehen. Sie nehmen Farben und Figuren wahr. Oder sie sehen einen milchigen Strom am oder im Körper. So wird Energie fassbar für das Auge. Ein Teilnehmer konnte es sogar hören. Er ging zu einem anderen Menschen hin, stellte sich auf ihn ein und hörte die Energie. So konnte er mediale Diagnosen durchführen nur mittels seines auditiven Sinnes.

Energetisch gesehen, lassen sich mit dieser alles gebenden und nehmenden Energie viele Dinge lösen, heilen oder helfen.

Was ist die Aura aus energetischer Sicht

Leider herrschen über die Aura noch immer ganz verschiedene Meinungen. Dabei ist es für meine Sicht der Dinge wichtig, das man hier zwei Begriffe zu differenzieren vermag. Da ist zunächst einmal der traditionelle Begriff der Aura. Damit meint man die Ausstrahlung unserer Energien. Sie sind unterschiedlich gefärbt, geben den seelisch-geistigen und den körperlichen Zustand wieder. Inzwischen können viele Mitmenschen diese Aura sehen oder fühlen.

Als zweites ist in dieser Aura unser energetisches Äquivalent enthalten, unser echter Energiekorpus. Dieser ist ebenfalls aus reiner Energie, aber ein direktes und genau gleiches Ebenbild unseres materiellen Körpers. Dort fließt nur statt Blut Energie. Zusätzlich befinden sich dort auch noch die Chakren und die Meridiane. Sie sind dafür da, einen echten Innen-Außendruck in einem gesunden Körper auszugleichen.

Versagen sie, die Chakren, teilweise oder ganz, kommt es zur Erkrankung, Unfall oder sogar Tod. Sie sind die Ventile zwischen dem intraenergetischen Körper und der Energiewelt außerhalb Ihrer Aura. Da der Körper genau gleich aufgebaut ist und auch so gut oder schlecht wie der menschlich sichtbare Teil funktioniert, können auch Behandlungen oder Eingriffe hierin vorgenommen werden. Doch dazu später mehr.

„Die Kraft der Gedanken formt die Energien" ist einer der Leitsätze der energetischen Medizin. So wie wir denken, fühlen und handeln, so ist auch unser Abbild, der Energiekörper beschaffen. Da der Geist den Körper baut und der Geist eigentlich aus nichts anderem besteht als aus Energie, so wird verständlich, dass der materielle Korpus sich nach unseren Gedanken formen muss. Denn Hoch hemmt tief. Das bedeutet, dass hohe Schwingungen tiefere Schichten hemmen bzw. zu beeinflussen vermögen.

Dafür muss es aber ein geistiges Gegenstück zu dem sichtbaren Körper geben. Erst bilden und beeinflussen die Gedanken den Energiekörper. Dieser ist mit dem anatomischen Körper untrennbar verbunden. Und da die geistigen Energien die körperlichen beeinflussen können, muss es zwangsläufig zu einer ständigen Interaktion zwischen diesen beiden Hälften kommen. Somit übertragen sich unsere Gedanken auf unseren Körper und können ihn gesund, meistens aber krank machen. In dieser Schwingung sind Ihre Gedanken enthalten aber auch die Grundanteile Ihrer weiblichen und männlichen Energien zu ersehen. Jeder von Ihnen kennt einen femininen Mann oder eine maskuline Frau. Hier sind die gegensätzlichen Energien besonderes hoch, weil in einem vergangenen Leben oder aber auch in der frühesten Kindheit der andere Anteil überzogen gelebt oder anerzogen worden ist.

Wenn Sie in einem vergangenen Leben sehr männlich waren und damit auch Erfolg in ihrem Dasein hatten, dann wird ihnen dieses Muster ein Gefühl von Überlegenheit und Stärke gegeben haben. Wenn sie sich nun entscheiden, in diesem Leben eine Frau zu sein, um Ihre Aufgaben besser lösen zu können, dann haben sie natürlich Angst davor. Sie müssen die altvertraute Rolle loslassen und die andere Seite, die der Frau nämlich, kennenlernen und ein ganzes Leben lang behalten.

Die Seele greift aber dann auf altvertraute Mechanismen zurück. Sie sucht das wohlbekannte Gefühl von Stärke in einem bereits vollendeten Leben. Sie wandelt und integriert diesen männlichen Anteil in die weibliche Energie ein. Da dies dankbar angenommen wird, man oder besser Frau ist ja schutzloser, dann haben wir es mit einer sehr männlich orientierten Frau zu tun. Dies verleitet mich zu einem philosophischen Gedanken, der erklären könnte warum die moderne Frau bis heute dazu neigte sich eher männlich zu geben, in Hosen getaucht und alle Weiblichkeit mit weiter Kleidung verdeckt. Was wäre, wenn diese Frauen in ihrem letzten Leben Männer waren und an die Front geschickt worden sind. Als Frauen wäre ihnen dies nicht geschehen. Also beschließen sie im nächsten Dasein als Frauen zur Welt zu kommen, um einem solchen Schicksal zu entgehen. Aber die Männlichkeit obwiegt, denn damit waren sie mehr wert zur damaligen Zeit als im Körper einer Frau.

In vielen Fällen führt dies auch zur Homosexualität. Man hatte als Mann sehr viel Erfolg bei den Frauen. Und eben diese Erfahrung sucht die Seele erneut. Sie sucht und findet diese Bestätigung eben nur bei Frauen.

Die meisten Homosexuellen leben also retrograd und eben nicht im Status Präsens. So kommt es meistens zu Problemen im Leben, die behoben werden können, wenn diese Menschen sich einmal mit Ihren vergangenen Leben auseinandersetzen würden.

Die Angabe einer prozentualen Verteilung bei den männlichen und weiblichen Anteilen halte ich für die Eigenschaften sehr wichtig. Daraus können sie auch ablesen, in wieweit ein oder mehrere vergangene Leben noch aktiv sind. Insbesondere zählen dabei die gegengeschlechtlichen Leben. Die energetische Meßmethode hierfür wird ihnen in einem anderen Kapitel des Buches gezeigt.

Die Aura ist somit die energetische Seite Ihres Lebens und der energetische Körper das Spiegelbild Ihres Lebens unter besonderer Berücksichtigung der von Ihnen durchlebten Reinkarnationen. Denn die Seele vergisst nichts. Jede von Ihnen früher gemachte Erfahrung, positiv oder negativ wird gespeichert. Treten sie nun ein neues Leben ein, dann werden diese vergangenen Erfahrungen auch mit in das neue Dasein übernommen. Und eben da können Auradiagnostiker sie hervorragend abrufen.

Die Chakren

In der Energetischen Medizin verwenden wir die Chakren etwas anders als die Chinesen oder die Inder in Ihren jeweiligen Fachrichtungen. Die Chakren sind Energiezentren, die zur Vermittlung von Energien dienen. Hierin unterscheidet sich der materielle Körper vom energetischen. An dieser Stelle wollen wir kurz die sieben Hauptzentren einmal aus der Sichtweise einer modernen Alternativmedizin betrachten.

Zunächst sind sie kleine Schaltzentralen, die es dem Energiestrom ermöglichen, sich weiter und vor allem tiefer in den Körper zu verbreiten. Der normale Durchmesser beträgt etwa 1,5 cm in einem ruhenden und ca. 8-15 cm in einem geöffneten Zustand. Weitere Ausdehnungen sind bis zu einer Größenordnung von etwa 2-2,5 m durchaus üblich. Allerdings handelt es sich um extreme Situationen, wo der Mensch einen Höchstverbrauch an Energie hat. Ein channelndes Medium (ein Mensch, der Botschaften vermittelt) hat einen solchen Durchmesser, aber auch Menschen, die um Ihr Leben kämpfen. Um solche Situationen brauchen wir uns in der normalen Praxis aber nicht zu kümmern.

Sie werden es normalerweise mit geöffneten Chakren von etwa 10-15 cm zu tun bekommen. Mit ein klein wenig Übung können sie diese spüren, denn sie sind ja Energie und das kann man in den Handinnenflächen merken. Wenn sie nun ihre Hand darauf legen, dann können sie Energie geben oder wenn ein Zuviel vorhanden ist, auch absaugen. So gleichen sich die Zentren aus und der Energienehmer wird ruhiger, leichter und fühlt sich besser. Mit dieser Methode können sie nichts verkehrt machen, denn sie bringt den Mensch nur zur Ruhe und versorgt ihn mit Kraft.

Hier nun eine kurze Darstellung aller Hauptenergiezentren. Es gibt noch sehr viel mehr Nebenchakren, auf dessen Darstellung ich hier aus verständlichen Gründen verzichte. Ich verweise hier auf die entsprechende Literatur.

Kronen oder Scheitel Chakra
Wirkungsebene: Spiritualität
Farbe: Violett, Weiß oder Gold
Drüse: Zirbeldrüse
Sinnesfunktion: Verbindung zum Universum
Aussage: „Ich weiß dass ich bin"
Wirkung bei Aktivierung: stärkt spirituelles Wachstum, Selbstverwirklichung
Thema / Lernaufgabe: Vollendung, höchste Erkenntnis, universelles Bewusstsein

Planet: Neptun

Stirn Chakra (Drittes Auge)
Wirkungsebene: Intuition
Farbe: Indigoblau, Violett
Drüse: Hirnanhangdrüse
Sinnesfunktion: Medialität, Übersinnliche Wahrnehmung
Aussage: „Ich liebe universell"
Wirkung bei Aktivierung: belebt Intuition und Geisteskraft

Thema / Lernaufgabe: Erkenntnisfunktion, Intuition, Entwicklung der inneren Sinne, Geisteskraft, Imagination
Planet: Uranus

Hals Chakra (Kehlkopf)
Wirkungsebene: Inspiration
Farbe: Hellblau
Drüse: Schilddrüse, Nebenschilddrüse
Sinnesfunktion: Hören
Aussage: „Ich werde meinen höheren Willen benutzen um zu erschaffen"
Wirkung bei Aktivierung: aktiviert und fördert Kommunikation,
Selbstausdruck und Unabhängigkeit
Thema / Lernaufgabe: Kommunikation, kreativer Selbstausdruck, Inspiration, Zugang zu den sensibleren Ebenen des Lebens
Planet: Saturn

Herz Chakra (Mitte der Brust)
Wirkungsebene: Liebe, Harmonie
Farbe: Grün, Rosa, Gold
Drüse: Thymusdrüse
Element: Luft
Sinnesfunktion: Tasten
Aussage: „Ich liebe die Menschheit"
Wirkung bei Aktivierung: gleicht Körper, Geist und Seele aus, fördert Liebe, Mitgefühl, Heilung
Thema / Lernaufgabe: Entfaltung der Herzensqualitäten, Liebe, Mitempfinden, Selbstlosigkeit, Hingabe, Heilung

Planet: Jupiter

Solarplexus Chakra (3 cm oberhalb des Nabels)
Wirkungsebene: Weisheit
Farbe: Gelb bis Goldgelb
Drüse: Bauchspeicheldrüse
Element: Feuer
Sinnesfunktion: Sehen
Aussage: „Ich denke"
Wirkung bei Aktivierung: löst Emotionen, lindert Depression, unterstützt die Verarbeitung von Gefühlen und Erlebnissen
Thema / Lernaufgabe: Entfaltung der Persönlichkeit, Verarbeitung von Gefühlen und Erlebnissen, Einfluss und Entschlusskraft, Weisheit
Planet: Mars

Sakral Chakra (3 cm unterhalb des Nabels)
Wirkungsebene: Kreativität und Beziehung
Farbe: Orange
Drüse: Keimdrüsen, Eierstöcke, Prostata, Hoden
Element: Wasser
Sinnesfunktion: Schmecken
Aussage: „Ich fühle mit allen Sinnen"
Wirkung bei Aktivierung: regt Kreativität, Erotik, Appetit und Verdauung an, bringt in den Fluss des Lebens
Thema / Lernaufgabe: Ursprüngliche Gefühle, mit dem Leben fließen, Sinnlichkeit, Erotik, Kreativität
Planet: Venus

Wurzel Chakra (1 cm oberhalb des Genital)
Wirkungsebene: Lebensenergie
Farbe: Feurig-Rot
Drüse: Nebennieren
Element: Erde
Sinnesfunktion: Riechen
Aussage: „Ich existiere" „Ich werde" „Ich fühle physisch"
Wirkung bei Aktivierung: stärkt Lebensenergie, Erdverbundenheit und Durchsetzungskraft
Thema / Lernaufgabe:, Urvertrauen, Beziehung zur Erde und zur materiellen Welt, Stabilität, Durchsetzungskraft, Lebenswille, Ursprüngliche Lebensenergie
Planet: Merkur

Idealzustand wäre es natürlich, wenn sie alle im Gleichgewicht sind. Im Alltag ist eine solche Balance nur für kurze Zeit erreichbar. Meditation, Entspannungstraining, Yoga usw. bringen einen hinein und halten uns für die Dauer einer solchen Konzentrationsübung in diesem Zustand. Im normalen Tagesablauf sind aber die Zentren wieder ungleich gefordert, so dass wir unterschiedlich energetisch gewichtet sind. Der körperlich arbeitende Mensch wird seine unteren Chakren mehr aktivieren, der geistige Arbeit verrichtet eher seine oberen.

Für meine Arbeit ist es wichtig, dass die betroffenen Energiezentren gereinigt werden. Das geschieht durch die energetische Chirurgie. Dabei stelle ich mir vor, wie ich eine etwas dickere

Kanüle, Durchmesser ca. 0,5 cm in das betreffende Chakra einführe und es mit Energie durchspüle. Die meisten Energieverteiler sind verschmutzt, so dass eine Reinigung wahre Wunder bewirken kann. Ist es gesäubert, dann kann die Therapie im Energiekörper beginnen.

Das Chakrenclearing hilft also, das meine energetische Therapie schneller und effizienter wird, so dass der Patient zu mehr Energie kommt. Dadurch ist die Selbstheilungskraft mit mehr Power versorgt und ein Gesundungsprozess wird eingeleitet.

Die sieben Lebensprinzipien und kurze Erklärungen

1.   Harmonieprinzip

Im Leben gleichen sich immer verschiedenartige Wirkungen aus, so dass stets eine Harmonie erhalten bleibt oder so schnell wie möglich wieder hergestellt wird. Das Leben ist ein Geben und Nehmen. Nach Regen folgt Sonnenschein.

Jeder strebt von uns immer nach seiner inneren Mitte. Wenn wir lernen, dass Vertrauen hilft, wieder zu uns selbst zu finden, kann sich dieses Prinzip schnell wieder herstellen.

2.   Das Schicksalsprinzip

Jeder Mensch ist Schöpfer, Träger und Überwinder seines Schicksals. Jeder Gedanke, jedes Gefühl und jede Tat ist eine Ursache, der eine Wirkung folgt. Jede Wirkung entspricht in Quantität und Qualität der Ursache. Es gibt somit keine Sünde, Schuld oder Zufall, sondern nur Ursache und Wirkung. Wir allein sind für uns selbst verantwortlich.

Schuld abladen verboten sagt es aus. Wir können jederzeit aus unserer alten Rolle heraus lösen, wenn wir anerkennen, dass wir eine Ursache gesetzt haben mit unseren Gedanken und Handlungen. Übernehmen wir die Verantwortung, dann werden wir unser altes Dasein hinter uns lassen und selbstbestimmend durch unser Leben gehen.

3. Resonanzprinzip

Gleiches zieht Gleiches an und wird durch Gleiches verstärkt. Ungleiches stößt einander ab. Das Stärkere bestimmt das Schwächere und gleicht es sich an. Unser persönliches Verhalten bestimmt unsere Verhältnisse, unser gesamtes Leben.

Egal wo wir leben, was wir tun und mit welchen Menschen wir arbeiten und leben, es hat immer mit unserem Inneren zu tun. Das Resonanzgesetz wird auch Spiegelgesetz genannt. In unseren äußeren Verhältnissen, Freund- und Partnerschaften erkennen wir uns selbst wieder. Die Welt ist also ein Spiegel für uns. So sind die Erkenntnise wichtig, warum wir diese Dinge und Personen anziehen und nichts anderes.

4. Das Prinzip der Fülle

Jeder kann von der Fülle des Lebens nur soviel abbekommen, wie er sich selbst diesen Dingen gegenüber zu öffnen vermag. Der Mensch öffnet sich, indem er alle bewussten und unbewußten Gedanken an Mangel und Begrenzung in sich auflöst. Denn durch diese Erkenntnis wird uns allen gegeben. Wer sie aber nicht lebt, dem bleibt diese Fülle versagt.

Denken wir groß, dann kommt Großes auf uns zu. Vor allem im finanziellen Bereich kann uns das Prinzip weiter helfen. Lösen wir uns von Begrenzungen, von Lernerfahrungen und denken uns groß, dann kommt es im Sinne des Resonanzgesetzes wieder zu uns zurück.

5.   Bewußtseinsprinzip

Jeder Mensch kann jederzeit aus der Unwissenheit heraus in das Wissen des Lebens eintreten. Er tritt das globale Erbe der Vollkommenheit an und mitverändert die Welt. Er muss dies aber sehr bewusst tun, um sich selbst zu vervollkommnen.

Eins der schwierigsten Gesetze, denn es ist schwer, immer und überall bewusst zu leben. Durch Übung kann ein Mensch es schaffen immer bewusster zu denken, zu handeln und zu leben.

6.   Das Prinzip der Vergebung

Je stärker wir Hass und Rache sowie Schuldgedanken in uns loslassen und sie zur Vergangenheit zählen, umso stärker können wir uns freimachen von solchen Gedanken, die unser ganzes Leben blockieren.

Es nutzt keinem etwas, wenn wir ein Leben lang immer nur Schuld in uns tragen. Es ist geschehen, basta. Je mehr wir loslassen können und im Hier und Jetzt leben, umso mehr kommt die Fülle des Lebens auch wieder zu uns. Denn keiner ist vom Leben ausgeschlossen, sondern wir schließen uns selbst aus. Kehren wir zurück, dann leben wir wieder in und mit dem Leben.

7.   Das Entsprechungsprinzip

Für alles was auf der Welt ist, gibt es auf jeder Ebene des Daseins eine Entsprechung. Denn wie oben so unten, wie innen so außen, wie im Größten, so auch im Kleinsten.

In diesem Prinzip spiegelt sich alles wieder. Wir sind ein Spiegel unserer Gesellschaft und es ist alles Eins. Wenn wir wachen Auges durch die Welt marschieren, sehen wir im Außen was ebenfalls in unserem Inneren zu finden ist. Somit verstehen wir uns und die Welt besser.

Energetische Medizin
Der Begriff als solches ist ein Sammelbecken für alle Therapien, die sich mit der Energie beschäftigen. Dazu zählen u.a. die Akupunktur, Kineosologie, Geistheilen, Reiki, MET und viele weitere Behandlungsformen.

Man meint hierbei den Austausch und Harmonisierung von körpereigenen Energien von einer Person zur Anderen. Dabei kommen auch Hilfsmittel wie die Akupunkturnadel zum Einsatz. Der Behandler überträgt als Mittler Energie auf den Patienten, um ihn wieder in seine Mitte zu bekommen. Dabei kann sie entweder gegeben aber auch abgezogen werden. Der Körper bekommt so Hilfe, wieder in seine Mitte zu gelangen.

In der Praxis verwende ich diese Methode, dann wenn der Mensch ein z.B. Burnout hat, also ausgebrannt ist. Die Batterien werden aufgefüllt, es kommt mehr Ruhe hinein, die Stimmung verbessert sich und der Schlaf wird ausgeglichener sowie neue Kraft kann er entwickeln.

Diese Methode kann theoretisch von Jedem ausgeführt werden, denn wir alle haben eine solche Power in uns.

Fallbeispiel:
Eine Mutter, 35 Jahre, 3 Kinder und eine pflegebedürftige Schwiegermutter im Haus, kam mit einem Burnout zu mir. Burnout bedeutet, das man am Ende seiner Kräfte ist. Eine Kur konnte sie nicht machen, denn Erziehung, Pflege, Haushalt und Garten lagen überwiegend in ihren Händen.

Schlafstörungen, Gereiztheit bis hin zu aggressiven Anfällen sowie permanent ein schlechtes Gewissen waren die Symptome. Zudem hatte sie in letzter Zeit förmlich alles in sich hinein gefressen, was bedeutete, dass sie 20 Kilo zugenommen hatte.

Das sind nicht gerade gute Vorraussetzungen, um wieder in seine Lebensmitte zu kommen. Durch das Erstgespräch fand ich heraus, das sie schon die richtige Lebenseinstellung hatte, jedoch ihr fehlte die Kraft, es im Alltag umzusetzen.

Somit war mir klar, dass ihr nur die Energie fehlte, eine Veränderung durchzuführen. Die Batterien waren leer und da konnte natürlich keine Initialzündungen erfolgen.

So begann ich erst dem Körper die Kraft zu geben und im zweiten Teil der Behandlung der Psyche die Information zu übermitteln, Dinge umzusetzen, die der Patientin helfen würden, wieder auf die Beine zu kommen.

Als sie zur zweiten Behandlung nach nur 5 Tagen erschien, war ihr Gesichtsausdruck wesentlich entspannter und sie wirkte gelassener. Sie berichtete mir, dass sie viel und lange schlafen konnte, denn eine ältere Nachbarin hatte spontan Hilfe angeboten. Diese Dame hatte sich vorher nur nie getraut etwas zu sagen, aber auf einmal war ihr klar geworden, dass es so mit meiner Patientin nicht weiter gehen könne. Meine Erkenntnis war die, das, wenn man um Hilfe bittet man sie auch immer bekommt.

In den weiteren Behandlungen erlangte sie wieder ihre Kräfte zurück, sie begann die Kinder in die häuslichen Pflichten mit einzubinden und ihr Mann sorgte dafür, dass eine Pflegehilfe ins Haus kam. Schön war auch, dass sie ihre Pfunde mehr und mehr verlor. Nach einem Vierteljahr war sie wieder eine junge, fröhliche Frau und Mutter, die gelernt hatte, auch mal ihr Recht durchzusetzen, etwas für sich zu tun.

In den letzten Sitzungen haben wir viel gelacht, sie wurde zuversichtlicher und ihr Selbstbewusstsein wuchs.

Nach knapp 1,5 Jahren traf ich sie zufällig wieder und in dem kurzen Gespräch bemerkte ich deutlich, dass meine Arbeit immer noch wirkte.

Energetische Akupunktur

Akupunkturpunkte im energetischen Körper
werden durch Energie aktiviert

Die Akupunktur, eine seit jahrtausenden bekannte
Therapie hilft, indem kleine Nadeln an bestimmten
Stellen des Körpers gestochen werden, um den
Energiefluß wieder in die Harmonie zu bringen.
Da der Energiekörper ja ein Spiegel des
materiellen Corpus ist, besitzt dieser ebenfalls
solche Punkte. Durch meine Hellsichtigkeit
erkenne ich sie und setze einen Finger drauf und
lasse Energie durch mich in den betreffenden Teil
fließen. Dieser lädt sich auf und leitet die
Information dann weiter. So harmonisiert sich der
kranke Teil und kann gesunden.
In vielen Fällen ist ein Zusammenspiel von
mehreren Akupunkturpunkten notwendig. Diese
werden dann entweder zusammen bearbeitet oder,
wenn sie zu weit auseinander liegen, nacheinander
mit Energie versorgt. Manchmal setze ich auch nur
eine energetische Spritze. Kraft meiner Gedanken
stelle ich mir vor, wie ich eine Spritze in der Hand
halte und gebe den gedanklichen Befehl, den
Kolben mit einem Medikament zu füllen. Es sind
natürlich nur die Schwingungen darin enthalten,
die nun auf bzw. in den Punkt gesetzt und injiziert
werden.

Die Energetische oder Psychochirurgie

Die Psychochirurgie ist die energetische Methode am und im energetischen Körper zu operieren.

Sicherlich gehört eine Medialität hinzu, die in dieser Richtung bemerkenswert ausgeprägt ist. Jedoch habe ich wahrgenommen, dass viele Menschen, die entweder schon mit Energien arbeiten oder aber auch eine Sensibilität besitzen, die Psychochirurgie erlernen können. Hier gilt, wie überall, der Lehrsatz: Übung macht den Meister.

Denn wie weiter oben berichtet, besitzt unser Energiekörper alle Quanti- und Qualitäten, die der materielle Körper auch besitzt. Somit ist gewährleistet, dass man ihn auch behandeln und an und in ihm operieren kann. Dabei liegen die Vorteile auf der Hand: Die gesamte Hygiene, wie sie im Operationssaal notwendig ist, entfällt. Lediglich gedankliche Schutzschilde des Behandlers um beide, Patient und Chirurg zu schützen sind notwendig, damit nichts von Außen eindringen kann.

Kommt es zu einer Verletzung eines Blutgefässes, dann kann der Patient verbluten. Das energetische Gefäß kennt einen solchen Notfall nur bedingt, da sich die Energiemolekularstruktur durch den Schock, der bei der Verletzung entsteht, sofort wieder verschließt.

Thrombosen, Verschlüsse von Blutgefässe sind ausgeschlossen, da ja alles aus reiner Energie besteht.

Somit liegt die Therapieform voll im Trend einer sanften Medizin. Natürlich liegen die Grenzen der Psychochirurgie auf der Hand. Akute innerliche Prozesse wie eine Appendizitis (Blinddarmentzündung), Pylorusspasmus (Magenpförtnerkrampf), akuten Herzinfarkt usw. gehören sofort in die Hände eines Arztes. Bitte keine Experimente, denn es geht um die Gesundheit, ja um das Leben eines Menschen.

Wenn es aber um all die ganzen normalen medizinischen Fälle des Alltags geht, dann ist diese Therapie eine äußerst wirksame und effiziente Methode, anderen Menschen sanft und sicher zu behandeln.

Um effektiv arbeiten zu können, bedarf es vor allem seiner Vorstellungskraft, seiner Phantasie. Denn unsere Gedanken bestimmen das Bild was wir brauchen. Je stärker wir daran glauben, das wir es in der Hand haben, umso größer die tatsächliche Wirkung. Im Allgemeinen braucht man nur einige Energieinstrumente, um anfangen zu können: Injektionsbesteck, Skalpell, Schere, Sonde, Pinzette, eine besondere Pinzette, um Gegenstände aus dem Körper zu entfernen, Kanüle, Nadel und Faden. Ferner ein Energiekabel sowie verschiedene Klammern sind nötig.

Zur genauen Diagnostik benutze ich die Handinnenflächen. Ähnlich einem Ultraschallgerät nehmen meine Handchakren jede Unregelmäßigkeit wahr. Nach der Untersuchung weiß ich, welche Fläche eines Organs betroffen ist. Jeder besitzt solche Fähigkeiten und je mehr sie es üben, umso intensiver werden die Wahrnehmungen.

Das nächste Faktum, was sie benötigen ist Zeit. Ich nehme mir Zeit für eine Operation. Es geht garantiert daneben, wenn sie eben mal schnell an einem Menschen herum operieren wollen. Trotzdem geht alles sehr viel schneller als bei einem körperlichen Eingriff.

Sie brauchen aber auch kein esoterisches Brimborium, kein Gebet und keine mystischen Rituale. Alles Quatsch, denn die Energetik ist etwas ganz normales, ja heute z. T. schon quantenphysikalisch erklärbares.

Wer daraus wieder etwas Mystisches, Göttliches machen will, der hat das Wassermannzeitalter vergessen. Diese neue Zeit holt Verborgenes an das Licht der Öffentlichkeit. Die Zeit für das ganze Beten, sich reinigen, andere reinigen, verwenden sie am förderlichsten für die Behandlung. Saubermachen können sie am besten zuhause ihr Wohnzimmer. Lassen sie also nicht unnötige Zeit verstreichen, sondern beginnen sie sofort und konzentriert.

Mittels eines Schnitts öffne ich den Energiekörper. Ich stelle mir vor, dass ich ein Skalpell in der Hand habe und schneide die kranke Stelle auf. Nun kann ich aufgrund meiner Hellsichtigkeit sehen, was dort abläuft. Durch die Wahrnehmung erkenne ich auch den psychosomatischen Hintergrund. Die Ursachen für die Erkrankung können in diesem Leben oder aus einem vergangenen stammen. Wenn der Patient es will, teile ich es ihm mit, damit er weiß, was ihn aus der Mitte gebracht hat.

Der nächste Schritt ist der, die Energie aus dem Körper zu entfernen. Da diese Arbeit immer auf Körper, Geist und Seele geht, kommt es im Unterbewusstsein zu einem Verarbeitungsprozess. Nachdem die negative Kraft entfernt wurde, spüle ich sie nochmals durch und fülle sie mit neutralen Energien auf. Zu guter Letzt verschließe ich es wieder und der Eingriff ist beendet.

In den meisten Fällen genügt es, das ich einmal operiere. Manchmal kommt es aber zu einem Rezidiv, so dass eine Wiederholung notwendig ist.

Um den Heilungsprozess zu unterstützen ist es notwendig, dass noch einige reine Energiebehandlungen durchgeführt werden müssen, um die Gesundung herbeizuführen. Ist der Patient beschwerdefrei und fühlt sich gut, dann ist die Therapie beendet.

So oder ähnlich gehe ich bei meinen Patienten vor. In den allermeisten Fällen sorgt die Selbstheilungskraft des Menschen dafür, dass sich der Gesundheitszustand bessert. Aber auch ich kann nicht allen helfen. Es gibt aber immer mal wieder Fälle wo die Energetische Chirurgie nicht unterstützen kann. Im Allgemeinen ist die Therapie aber eine echte Alternative zu anderen Möglichkeiten.

Fallbeispiele:

Ein kleiner Junge, 4 Monate alt kam mit seinen Eltern zu mir. Er hatte einen Schiefhals, d.h. sein Kopf drehte sich immer zu einer Seite, da der muskuläre Antagonist zu schwach war, anzuziehen um den Kopf in der Mitte zu halten. Er war schon diverse Male von Physiotherapeuten behandelt worden, ohne Erfolg.

Ich operierte den Jungen am Hals, indem ich die energetische Struktur des Muskels austauschte. Nach zwei Tagen rief mich die Mutter aufgeregt an. Der Schiefhals sei vollkommen verschwunden. Er bekam zwei weitere Behandlungen und sein Problem war endgültig behoben.

Ein besonders interessanter Fall ist der eines 24jährigen jungen Mannes, der nach seiner Ausbildung gern Karriere machen wollte. Zudem war er begeisterter Handballer und wollte sich gerne beweisen und Erfolg haben.

Nach seiner Ausbildung begann plötzlich seine rechte Schulter zu schmerzen. Und zwar immer dann, wenn er im Beruf zeigen wollte, das er besonders gute Arbeit abgeliefert hatte und beim Handball, wenn er nach vorne stürmte, um ein Tor zu machen.

Zunächst ging er zu seinem Hausarzt, dann zum Orthopäden. Keiner konnte etwas feststellen. Über Umwege gelangte er an meine Adresse und schilderte mir am Telefon seine Situation.

Ich berichtete ihm über meine Arbeit und er erklärte sich bereit, einmal zu schauen, was auf ihn zu kommen würde.

Als er in meine Praxis kam, konzentrierte ich mich auf ihn. Vor meinem geistigen Auge wurde ein interessantes Leben sichtbar, das die Ursache sein konnte.

Meine Bilder, die ich über ihn sah, begannen 1806 in der Schlacht von Austerlitz. Napoleon hatte Preußen den Krieg erklärt und beide Armeen standen sich gegenüber. Mein Patient war der Sohn eines hohen französischen Offiziers, der sich wünschte, sein Sohn würde ebenfalls ein erfolgreicher Soldat werden. Dieser jedoch war eher künstlerisch veranlagt, las Gedichte und spielte Klavier. Um seinen Vater aber nicht zu enttäuschen, wurde er Offizier und bekam die Verantwortung über eine Kompanie Soldaten.

In dieser Schlacht sollte er zum ersten Mal eingesetzte werden. Als der Angriffsbefehl kam, stürmte er nach vorn. Sie kamen gut voran, jedoch hatte er nicht bemerkt, dass an der Seite, etwa 150 Meter entfernt hinter einer Reihe von Birken ein Trupp Soldaten lauerte. Als sie in Höhe dieser Baumgruppe waren, schossen sie und trafen meinen Patienten an der rechten Schulter. Er stolperte, fiel hin und blieb bewusstlos liegen. Zwei von seinen Untergebenen brachten ihn zum Sanitätslager. Da dort jedoch Hochbetrieb herrschte, wurde er auf seiner Bahre an die Seite gelegt. Die Kugel hatte eine Hauptschlagader getroffen und er verblutete langsam. Nach etwas einer halben Stunde war er tot.

Das letzte Gefühl was er mitnahm in das Ableben war der Gedanke: Karriere = Tod.

Und genau das war das Lernprogramm in diesem Dasein. Immer, wenn er Karriere machen wollte, spürte er seine Todesursache, den Schuss in die Schulter.

Als nächstes legte er sich auf meine Liege und ich operierte in seinem Energiekörper. Mittels einiger Instrumente konnte ich die Kugel, die immer noch als Information in ihm steckte, herausholen. Obwohl er sich selbst als wenig sensibel diesen Dingen gegenüber bezeichnete, bat ich ihm, seine rechte Hand zu öffnen.

Als er dies tat, legte ich ihm die Energie der Kugel in die Hand. Sie fühlte sich für ihn „ganz kalt" an und rund. Ja, er vermochte sie richtig zu spüren. Ich bat ihn, sich von dieser Kugel, die ihn getötet hatte, zu verabschieden. Er tat, wie ihm geheißen und sie verschwand als Info aus seiner Hand.

Anschließend bekam er eine energetische Schockbehandlung, die dafür sorgte, dass die Erstarrung aus der Schulter entwich. Er fühlte sich nach der Behandlung zunächst einmal erschöpft. Zuhause legte er sich gegen 17 Uhr hin und er erwachte erst, als sein Wecker klingelte.

Es ging ihm am nächsten Morgen sehr viel besser, als er zur Arbeit ging.

Vier bis fünf Nachbehandlungen sorgten dafür, das dass alte Muster sich endgültig verabschiedete.

In den nächsten Monaten wurde er dann in eine Filiale der Bank versetzt, wo er schnell zum stellvertretenden Filialleiter aufstieg und auch im Handball wurde so manches Tor durch ihn geschossen.

Eine Frau, Mitte fünfzig war seit 10 Jahren an Multipli-Sklerose erkrankt. Das ist eine Erkrankung des Nervensystems. Sie hatte gerade wieder einen heftigen Schub erhalten und kam in meine Praxis. Sie erzählte mir, dass sie 5 erwachsene Kinder hätte, diese aber nicht loslassen könnte. Sie wollte immer wissen, dass es ihnen gut ginge.

In ihrer Chronik sah ich, dass sie als Mann in den Karpaten lebte, elf Kinder hatte und deren Mäuler gestopft werden mussten Als er sich in einem Wassergraben, der ihn bis zur Hüfte ging, begab, um Reparaturarbeiten vorzunehmen, kam eine Wasserschlange und biss ihn.

Er konnte sich zwar noch aus dem Wasser retten, jedoch starb er einen langen und qualvollen Tod. Seine Nerven wurden immer mehr gelähmt. Seine Gedanken kreisten immer nur um die Versorgung seiner Familie. Die Mutter war keine starke Person, sie konnte sich sicher nicht um alles kümmern. Mit diesen Gedanken ist er dann gestorben.

So konnte ich auch erklären, warum sie im heutigen Dasein ihre Kinder nicht loslassen konnte.

Nun musste ich so handeln, als wenn nicht die Frau bei mir auf der Liege lag, sondern der Mann aus ihrem vergangenen Leben. Kraft meiner Gedanken stellte ich mir vor, dass ich ihr ein Gegengift spritzte. Als nächstes infusionierte ich dann neue Energie. Nach kurzer Zeit entspannte sich meine Patientin, so als würde das Medikament wirken. Der nächste Schritt war dann, ihre Leber energetisch zu reinigen. Denn dort setzten sich die Giftstoffe gerne ab. Sie fühlte sich ruhiger und auch ihr Denken war anders. So entließ ich sie aus der Behandlung.

Als sie zum nächsten Termin erschien, machte sie einen ganz entspannten Eindruck. Auf der körperlichen Ebene spürte sie kaum noch Verkrampfungen und konnte wieder besser laufen. Auf der persönlichen Ebene war sie umso erstaunter, denn sie hatte nicht mehr das Bedürfnis, ihre Kinder täglich anzurufen. Eine andere Lebensqualität war in ihr Leben gekommen.

Mit jeder weiteren Behandlung wurde sie leichter und kam mehr zu sich, zu ihren Bedürfnissen. Die Erkrankung war natürlich da, die konnte ich auch nicht mehr rückgängig machen. Aber in den nächsten Jahren kam kein weiterer Schub hinzu. Endlich war sie im Vordergrund und nicht mehr alle anderen. Eine für sie nie dagewesene Lebensqualität trat ein, die wohl bis heute anhält.

Energetische Injektionstherapie

Spritzen in Organe und Organsysteme lösen
Blockaden

Eine besondere Form der Energiebehandlung hat
sich in den letzten Jahren hervorragend bewährt.
Kraft meiner Gedanken stelle ich mir eine Spritze
vor und benenne genau den Inhalt. Das kann ein
homöopathisches Einzelmittel sein oder aber auch
ein Gedanke wie Wachstum oder Auflösung von
Blockaden. Als nächstes bekomme ich die
Information, wo genau ich die Injektion setzen
soll. Das kann ein Akupunkturpunkt sein, ein
Organ wie Auge, Ohr usw. oder ein Chakra. Wie
beim materiellen Spritzen setze ich nun an und
drücke den energetischen Kolben nach unten bis
die Kanüle leer ist. Oft spürt der Patient einen
Druck, als wenn er tatsächlich etwas injiziert
bekommt. Gut bewährt hat sich meine Methode bei
Herz bzw. Kreislaufproblemen das Mittel direkt in
den Kreislauf- oder Herzmeridian zu verabreichen.
Meridiane sind energetische Verlaufsbahnen auf
denen die einzelnen Akupunkturpunkte sitzen.
Genau wie oben beschrieben setze ich in der
Armbeuge an und führe das Medikament in den
Meridian. Oft kommt es nach einer Minute schon
zur Besserung.

Fallbeispiele:

Ein Mädchen, 10 Jahre alt, litt unter
Angstzuständen und Minderwertigkeitskomplexen.
Ich gab ihr 2 Injektionen, eine in das erste Chakra
mit dem Thema Urvertrauen und eine weitere nach

einer Woche in das zweite, dem Persönlichkeitschakra. Schon nach der ersten Injektion entwickelte sich das Kind. Es begann selbstständiger zu werden, suchte nicht mehr nach diversen Sicherheiten und entwickelte mehr Vertrauen. Die nächste Spritze setzte eine Entwicklung ihrer Persönlichkeit in Gang. Eine Nachreifung ihres Charakters begann und die Ängste wurden minimiert. Nach zwei Wochen war sie ein unauffälliges Kind und bedurfte keiner weiteren Behandlung.

Eine Frau, Mitte fünfzig kam wegen einer Hautgeschichte zu mir in die Praxis. Scheinbar nebensächlich bemerkte sie, dass sich ihr linkes Auge seit ihrer Kindheit nicht entwickelt hätte und es nur eine Sehfähigkeit von ca. zwanzig Prozent besäße. Ich empfahl ihr, sich doch eine Injektion geben zu lassen. Sie bejahte und ich spritzte eine Zusammensetzung dreier homöopathischer Mittel rein energetisch direkt in den Glaskörper. Nach zwei Tagen rief sie mich an, denn sie konnte wesentlich besser sehen. Nach acht weiteren Behandlungen hatte sich die Sehfähigkeit auf über achtzig Prozent gesteigert.

Energetische Ernährungstherapie & Diätberatung

Beratungen und Behandlungen fürs Abnehmen, mediale Vorschläge für persönliche Obst- und Gemüsesorten, Homöopathika, Tees sowie energetische Gewichtsreduzierung

Eine besonders mit der Energie behandelbare Art meiner Arbeit ist die der Gewichtsreduzierung. Denn die Pfunde haben eine innere Ursache, die sich nach außen hin zeigen. Und jede Fettzelle besitzt ein energetisches Äquivalent, so dass man es über den Energiekörper sehr gut behandeln kann.

Als erstes verbinde ich mich mit dem Unterbewusstsein des Übergewichtigen um abzufragen, welches Nahrungsmittel dazu beitragen können, den Stoffwechsel anzuregen. Dabei geht es vor allem um Obst und Gemüse aber auch bestimmte Gerichte werden genannt.

Als nächstes prüfe ich medial, welche Homöopathika beim Abnehmen helfen können. Vor allem suche ich nach einem persönlichen Konstitutionsmittel, das genau auf den Charakter des Menschen passt. Auch Tees unterstützen den Prozess.

Die Ohrakupunktur verwende ich mit drei Punkten. Der erste Punkt, den ich mit einer winzigen Dauernadel steche ist der Suchtpunkt. Beim zweiten Punkt handelt es sich um einen stoffwechselanregenden und der dritte ist durch meine Sicht des Energiekörpers der persönliche

Willenspunkt. Der stärkt den eigenen Willen um abzunehmen.

Als nächstes kommt es zur energetischen Fettabsaugung. Denn wenn die Fettzellen auf der energetischen Seite ihre Energie verlieren, dann geht diese Info auf den materiellen Körper über und können nicht mehr existieren. Somit nehmen sie ab.

Jedes Übergewicht hat ein psychisches Problem. In meiner Arbeit suche ich nach Ursachen. Die können aus vergangenen Leben stammen, aber auch heute entstanden sein.

Fallbeispiele:
Eine Frau, Mitte dreißig, Krankenschwester von Beruf kam mit fast 150 kg zu mir in die Praxis. Sie wollte unbedingt abnehmen, aber irgendeine Angst, so beschrieb sie es, hinderte sie daran.

In der AKASHA-CHRONIK fand ich dann eine Antwort.

In ihrem letzten Leben war sie ein Mann gewesen, der im zweiten Weltkrieg Soldat wurde. In Stalingrad wurde er dort eingeschlossen und lernte den Hunger kennen. Er wurde gefangen genommen und in ein Lager nach Sibirien gebracht. Dort ist er mit vielen anderen Kameraden elendig verhungert. Dieses Muster saß so tief in ihr drin, das sie diesen Zustand nie wieder erleben wollte. Und so sorgte sie dafür, dass ständig Nahrung aufgenommen wurde.

Zunächst nabelte ich sie von diesem Leben ab und führte meine energetische Diättherapie durch. Zusätzlich behandelte ich sie mit einer energetischen Psychotherapie. Erst ganz langsam und dann immer schneller purzelten die Pfunde. Die Waage blieb am Ende der Arbeit auf etwas über einhundert Kilo stehen, was auch für die Patientin in Ordnung war.

Zwei Jahre später traf ich sie wieder. Sie berichtete mir, dass sie ihr Gewicht nun halten könne, sie mehr Mut bekommen hätte, um neue Projekte anzufangen. Sie war nach Berlin gegangen, hatte einen Mann kennengelernt und ihn geheiratet. Eine kleine Tochter von zwei Monaten lag in dem Kinderwagen und sie wirkte auf mich zufrieden.

Hier lag die Ursache in der Vergangenheit und konnte für immer gelöscht werden.

Aber auch in unserem heutigen Leben entstehen Probleme, die wir zunächst gar nicht erkennen können.

Eine Dame von 38 Jahren kam mit einem Gewicht von 95 Kg. zu mir. Sie war seit ihrer Pubertät immer mal wieder leicht depressiv und ihre Beziehungen zu Männern waren dadurch geprägt, das sie ihre Maßstäbe sehr hoch ansetzte.

Aber in ihrer AKASHA-CHRONIK fand ich nicht ein Leben, was irgendwie mit dem Thema Übergewicht oder Hunger zu tun hatte. Also musste in ihrem heutigen Dasein etwas passiert sein. Ich gehe dann vorsichtig an das Problem heran, denn es kann hinter der Belastung auch ein Missbrauch stecken. In meiner Praxis habe ich das schon häufiger erlebt.

So gingen wir gemeinsam in der Zeit zurück. Dabei stärkte ich energetisch ihr

Erinnerungsvermögen. Plötzlich zuckte sie und fing an zu erzählen.

Im Alter von 14 Jahren hatte sie sich unsterblich in einen der bestaussehendsten Jungen ihrer Schule verliebt. Sie selbst war immer ein wenig pummelig gewesen und hatte auch schon mal den einen oder anderen Pickel.

Längere Zeit traute sie sich nicht, ihm zu offenbaren, dass sie ihn liebte. In einer Pause, wo sie ihn alleine auf dem Flur traf, nahm sie all ihren Mut zusammen und gestand ihm ihre Gefühle.

Das hätte sie lieber bleiben lassen sollen, denn er lachte sie nur aus, nannte sie eine fette Kuh und hässlich wie ein Bison.

Der Schock saß tief. Danach aß sie immer größere Mengen und wurde immer dicker. Den Vorfall verdrängte sie mehr und mehr. Das Selbstwertgefühl hatte immens gelitten. Später kam der Alkohol hinzu und sie hatte diverse Männergeschichten, die aber alle nur One-night-Stands waren.

Zunächst löste ich den damals entstandenen Schock. Sie weinte dabei wie ein kleines Mädchen und ihr Gesicht wurde entspannter. Nach der zweiten Behandlung durch eine Kombitherapie „Abnehmen und Psychotherapie" blühte ihr Wesen auf und der Körper verlor über zwanzig Kilo an Gewicht. Das hat sich bis heute so gehalten. Die Patientin kommt nach wie vor zu mir, wenn ein Problem auftritt.

Hier liegt die Ursache also in einem Erlebnis in der Gegenwart. Es ist normal, dass solche Schocks verdrängt werden. Wenn ich sie gemeinsam mit der Patientin finde, dann können sie auch gelöst werden.

Eine Patientin, Mitte vierzig kam einmal zu mir, um sich über eine Ernährungsumstellung beraten zu lassen.

Ich stellte mich auf sie ein und testete sie durch. Dabei kam heraus, dass sie u.a. Mango, möglichst viele warme Speisen und Suppen zu sich nehmen sollte. Zudem wäre es gut, bestimmte Sorten von Gewürzen in die Speisen zu geben, um ihr Feuer anzufachen. Denn die Dame war im Sternzeichen Schütze geboren und das würde förderlich sein für ihre Entwicklung.

Sie schien wenig begeistert zu sein darüber, was ich ihr mitteilte. So ging sie ohne meine Ratschläge zu befolgen wieder aus der Praxis. Wie ich nachher durch eine Freundin von ihr hörte, war sie einige Monate später zu einer ayuvedischen Ernährungsberaterin gegangen, die ihr haargenau dasselbe sagte, was ich ihr auch schon berichtet hatte. Dabei kenne ich mich mit dieser Lehre nicht aus. Es zeigt einerseits, dass die alten Inder schon wussten, was im Ernährungsbereich wichtig ist und dass meine Medialität genau das auffangen kann.

Ein weiterer Fall war der, das eine Frau Ende dreißig zu mir kam und wissen wollte, warum sie immer wieder Stimmungsschwankungen hatte, ihr mal übel und sie permanent müde war. Ich testete zunächst die vergangenen Leben durch, fand dort aber keinen Hinweis. Als nächstes nahm ich Verbindung mit dem Unterbewusstsein auf. Und

bei der Recherche kam heraus, dass ihr
Hormonhaushalt total durcheinander war.

Sie glaubte mir aber nicht, denn ihr Hausarzt hätte
erst vor einem halben Jahr einen Hormonspiegel
gemacht und der wäre negativ. Mein Einwand,
dass in einem halben Jahr doch schon viel
passieren könne, ließ sie nicht gelten. Wütend zog
sie ab. Danach hörte ich sechs Wochen lang nichts
mehr von ihr. Als das Telefon klingelte, dachte ich
bestimmt nicht, dass die besagte Patientin sich
noch mal melden würde. Kleinlaut bat sie um
Entschuldigung. Sie wäre vor ein paar Tagen zu
einem Frauenarzt gegangen und der hätte erneut
einen Hormonspiegel erstellt. Und siehe da, mein
Test hätte sich bestätigt. Aufgrund einer
Unterleibsgeschichte waren die Hormone entgleist
und die Symptome tauchten auf. Bei der ersten
Behandlung kam sie dann mit einer großen Flasche
Sekt als Entschuldigung. Nach einigen
Behandlungen vom Frauenarzt und mir war wieder
alles in Ordnung.

Orthopädie

Besonders wirksam ist die Energetische Chirurgie bei Wirbelsäulen und Gelenkerkrankungen. Das liegt daran, dass dort Bewegungsabläufe durchgeführt werden, die viel Energie benötigen. Die Operationen an der Wirbelsäule werden von mir zu neunzig Prozent an der Lendenwirbelsäule vorgenommen, weil sehr viele Probleme von dort unten entstammen.

Das Gerüst des Menschen ist wie ein umgedrehtes Kreuz. Die Wirbelsäule bildet den vertikalen Arm, während die Hüfte den horizontalen Bereich übernimmt. Wenn sich nun an dem Drehkreuz das Gelenk ein wenig verschiebt, kommt es zu Problemen im Lendenbereich.

Es muss aber nicht sofort zu Schmerzen kommen, sondern das System versucht zu kompensieren, indem die Wirbelsäule oder die Hüfte in eine Schonhaltung gebracht werden. Das geht zunächst auch gut, jedoch im Laufe der Zeit nutzt diese Haltung den Knochen, die Gelenke, die Bänder, Sehnen einfach ab und es kommt z.B. in der Halswirbelsäule zu Beschwerden. Diese werden dann dem jeweiligen Körperbereich zugeordnet aber nicht dem wirklichen Entstehungsort, dem Drehkreuz, das Illeosakralgelenk.

Meine Operationen gehen von der Annahme aus, dass der Bereich gestaucht ist und somit wenig Energie in den Gebiet fließt. Durch Streckung der energetischen Säule entspannen sich die einzelnen Gelenke und der Durchfluss ist wieder gewährleistet.

Ähnlich wirkt das Verfahren bei Gelenkbeschwerden. Ich führe genau wie bei der Wirbelsäule zusätzliche Energiebahnen hinzu, so das es zu einer vermehrten Versorgung mit Energie kommt. Dadurch setzt ein Heilungsprozess ein, der schnell dafür sorgt, dass die Bewegungseinschränkung aufhört und der Patient kann wieder im Alltag ein normales Leben führen.

Fallbeispiele:

Ein Möbelpacker kam mit beidseitigen Kniegelenksbeschwerden zu mir. Man wollte ihn operieren, obwohl er eigentlich dagegen war. Selbst sein Chef machte Druck, damit er schnell wieder einsatzbereit sei für die Firma.

Zunächst untersuchte ich die beiden Knie und entdeckte einen Energiemangel, dessen Ursache im LWS-Bereich lag.

Als ersten Eingriff nahm ich im Bereich des Illeosakralgelenks eine Streckung vor und legte vier zusätzliche Energiebahnen. Nun mussten beide Körper, der energetische sowie der materielle, erst einmal einige Tage Ruhe haben, um alles aus ganzheitlicher Sicht zu verarbeiten.

Nach drei Tagen kam er wieder und war sehr erstaunt, denn seine Knieprobleme waren verschwunden. Bei der zweiten energetischen Operation versorgte ich die Knie erst einmal mit Energie. Aus beiden entfernte ich die negative Energie, ähnlich eines Tumors. Der nächste Schritt war der, jedem Knie erneut zwei zusätzliche Versorgungsbahnen zu legen.

Als er zur dritten Behandlung kam, waren sämtliche Schmerzen weg und er konnte ohne Beschwerden alles heben.

Aber jetzt kommt es. Obwohl er dem Chef und seinem Orthopäden von seiner Beschwerdefreiheit berichtete, lachten die ihn nur aus und setzten ihn unter Druck, dass er sich operieren lassen müsse. Leider hatte der Patient nicht den Rückhalt, sich dem zu widersetzen. Er hat sich wohl operieren lassen und ward nie wieder in meiner Praxis gesehen. Ich bin aber überzeugt davon, dass sein Zustand von Dauer gewesen wäre.

Augenanomalien

Da das Auge ein sehr weicher und beweglicher Teil des Körpers ist, sind hier gute Resultate zu erzielen. Die Operationen laufen immer darauf hinaus, dem Auge die Energie zu zuführen, sodass ein Ausgleich stattfindet. Sehverbesserungen kommen immer wieder vor, denn je mehr Energie das Auge bekommt, umso besser die Sehschärfe. Aber Wunder darf man auch hier nicht erwarten. Alles hat seine Grenzen, die auch hier gelten.

Fallbeispiel:

Eine Patientin, Ende zwanzig kam zu mir, weil sie auf ihrem rechten Auge nur eine Sehkraft von zwanzig Prozent besaß. Bei der Untersuchung sah ich, dass das Auge vom unteren Energiekanal kaum innerviert wurde und der obere Kanal konnte es nicht kompensieren. Somit war eine Unschärfe klar zu diagnostizieren. Das Auge benötigt viel Energie, weil es unser wichtigstes Sinnesorgan ist. Somit war es logisch, dass die Sehkraft meiner Patientin so eingeschränkt war.

Als erstes öffnete ich den Energiekanal. Die Verstopfung kam daher her, weil sie sich als Kind und Teenager von den Eltern immer überfordert fühlte. Dies sah ich als psychologischen Hintergrund. Da sie den Zustand nicht mehr sehen wollte, begannen ab dem fünfzehnten Lebensjahr ihre Augenprobleme. Ich saugte diesen Konflikt aus dem Auge heraus und reinigte die Bahn. Anschließend sorgte ich dafür, dass ein Stück Energiekanal erneuert wurde. Ich verschloss die Wunde wieder. Bis zu diesem Zeitpunkt bemerkte die Patientin nichts. Als sie aber von der Liege hoch kam, blickte sie verwundert auf ein Bild in meinem Behandlungsraum. Sie kniff erst das eine Auge zu, dann das andere. Verwundert sagte sie mir, dass sie mit ihrem kranken Auge das Bild ganz deutlich sehen konnte, was vorher nicht der Fall war.

Nach drei Behandlungen blieben ihre Sehwerte konstant und lagen bei siebzig Prozent. Als sie nach einem halben Jahr zu einer Nachuntersuchung kam, hatten ihre Augen immer noch die gleichen Werte.

Mediale Tests

Zur Ermittlung von homöopathischen Medikamenten, Schüßler-Salzen, Unverträglichkeiten und Allergien sowie Tests für Medikamente, die von Anderen verabreicht werden, unterziehe ich den Patienten einen energetischen Test.

Es gibt Situationen, in der die Patienten eine zusätzliche Therapie benötigen, quasi eine Hausaufgabe, um den Heilungsprozess kontinuierlich fortzusetzen. Dies sind Medikamente, die die Heilung fördern.

Meine Fähigkeit besteht darin, dass ich energetisch vergleichen kann, was ihm weiterhilft. Die Praxis sieht dabei wie folgt aus:

Zunächst nehme ich die Schwingung des Patienten auf. Danach konzentriere ich mich auf ein passendes Homöopathikum, Schüßler-Salze oder andere Testobjekte. Wenn ich beide erfasst habe, dann vergleiche ich und bekomme umgehend das passende Medikament oder das Nahrungsmittel genannt. Nach anschließender Prüfung aufgrund meiner Ausbildung verordne ich es. Wenn der Patient das Medikament regelmäßig nimmt, werden die Beschwerden im Allgemeinen besser und die Kombination aus Energietherapie und medikamentöser Behandlung führen dann zum gewünschten Erfolg.

Fallbeispiel:

Ein Mann, Ende vierzig, kam zu mir mit Schulterbeschwerden, die er schon seit längerem hatte. Sein Arzt hatte ihm ein Mittel verschrieben, das er seit 4 Wochen nahm, aber es trat keine Besserung ein. Dann kam eine Nachbarin und gab ihm den Tipp es doch mal mit Magnesium zu probieren. Er nahm es dann 5 Tage und die Beschwerden wurden schlimmer.

Ich bat den Patienten, sich auf die Liege zu legen. Dann testete ich zunächst das Medikament des Arztes. Es zeigte sich, dass energetisch nichts passierte, weil die Wirkstoffe viel zu schwach waren, um Linderung zu schaffen.

Anschließend kam Magnesium dran. Ich legte die Packung auf die betroffene Schulter. Sofort reagierte der Körper, denn Magnesium sorgte bei dem Patienten dafür, dass seine Energie im Schultergelenk abnahm. Da jeder Schmerz ein Schrei nach Energie ist, ging es ihm nach der Einnahme immer schlechter.

Mit seinem Unterbewusstsein nahm ich nun Kontakt auf und bat es mit meinem Homöopathiebuch abzugleichen, was helfen könnte.

Eine Hand auf seinem obersten Chakra, die andere auf meinem Fachbuch sah ich nach einigen Sekunden eine Zahl vor meinem geistigen Auge. Ich wusste, dass es sich um eine Zahl in meinem Buch handelte. Ich schaute nach und es war die Seite mit dem Mittel: Calcium carbonicum.

Sofort besorgte sich mein Patient dieses Mittel in der Apotheke. Nach der zweiten Einnahme bemerkte er eine Besserung. Die noch verbleibenden Beschwerden beseitigten wir mit einigen energetischen Behandlungen. Er blieb auch nach Wochen ohne Beschwerden.

Also sollte man nicht immer auf das hören, was angeblich wohl wollende Mitmenschen für uns meinen!

Energetische Psychotherapie

Lösung von Blockaden, Konflikten und Ängsten
durch energetische Clearings

Was auf der körperlichen Ebene seine Wirksamkeit
beweist, müsste doch eigentlich auch im mentalen
Bereich wirken, oder? Das waren meine Gedanken,
als ein Patient zu mir kam, der Höhenängste hatte.
Es war der erste Fall, wo es nicht um ein
körperliches Gebrechen ging, sondern um eine
Sache, die nur im Kopf stattfand.

Aber wie erreicht man ein Gefühl? Spontan kam
mir eine Eingebung. Wenn ich nun meine
Gedanken statt auf ein Körperteil auf die Emotion
„Höhenangst" richte, könnte es dann schneller
verarbeitet und sogar gelöscht werden?

Ich probierte es aus. Ich legte meine Hand auf die
rechte Gehirnhälfte, die Sitz unserer Gefühle ist
und konzentrierte mich auf Löschung der Angst.
Und siehe da, nach einigen Behandlungen konnte
er ohne Furcht aus der Höhe nach unten schauen.

Das gleiche Prinzip wie auf der körperlicher Ebene
wirkt also auch hier, denn die Selbstheilungskraft
als Motor sorgt dafür, dass sowohl der Körper als
auch die Psyche geheilt wird. Und das Gute ist,
dass hier die materielle Ebene, sprich der Körper
nicht behandelt werden muss. Zwar ist es so, das
viele unserer Blockaden, Ängste usw. durch
jahrelanges untätig sein zu Gewohnheiten
geworden sind. Dennoch kann jede Eigenart
verändert und gelöscht werden. Es braucht eine
gewisse Zeit, bis sich der neue Zustand als normal

etabliert hat, aber dann bleibt er bestehen. Der neue Impuls muss sich erst mit Hilfe der Behandlungen durchsetzen, denn die alte Gewohnheit ist stark. Wenn die Notwendigkeit vom Patienten erst eingesehen wurde, dann genügen wenige Therapiesitzungen, damit das neue Verhalten in den Alltag einkehrt. Und das Gute ist, das dass alte Verhalten nicht wiederkehrt. Somit können Verhaltensänderungen dauerhaft herbeigeführt werden.

Wie verhält es sich nun bei Süchten?

Im Alltag kommen vor allem zwei Süchte in meiner Praxis vor. Das ist zum einen die Alkohol-, zum anderen die Nikotinsucht.

Bei AlkoholikerInnen arbeite ich therapiebegleitend. Denn die Ursachen liegen tief im Menschen begründet. Neben einer reinen Entgiftung, die ich begleitend unterstütze durch Energiearbeit an der Leber und den Nieren, entsteht ein psychischer Auflösungsprozess der Muster, die zur Sucht führten.

Bei den Rauchern ist die Erfolgsquote, die Sucht loszulassen, sehr hoch. Mehr als 70% aller Teilnehmer (!) lassen auf Dauer die Finger vom Glimmstängel. Vorwiegend arbeite ich in Gruppen beim Nichtrauchertraining. Das Suchtzentrum wird von mir gereinigt. Das funktioniert so, das ich mich in einer Meditation, die mit allen Teilnehmern durchgeführt wird, in deren energetischen Kern vordringe und ein neues Programm schreibe.

Meine energetischen Sätze werden übernommen, nur wenn jemand wirklich mit dem Rauchen aufhören will, denn dann lässt derjenige diese Programmänderung zu. Durch einige weitere Maßnahmen wie der Einsatz von Homöopathie, Ohrakupunktur und einen „Leitsatz finden" wird der neue Befehl, Nichtraucher zu sein, bestätigt und verstärkt. Bei einigen ist noch die eine oder andere Einzelbehandlung notwendig, wo das Suchtmuster dann endgültig getilgt wird. Danach ist der Mensch dann wirklich suchtfrei.

Die energetische Psychotherapie ist eine Kurzeittherapie. In den meisten Fällen dauert sie zwischen einem Viertel- und halben Jahr, um konkrete Ergebnisse zu erzielen. Selten dauert es länger, selten kürzer. Und auch hängt das Ergebnis immer davon ab, wie der Patient mitarbeitet. Je stärker sein Wille ist, umso schneller lassen sich die Ziele verwirklichen, die er anstrebt.

In der Arbeit merkt der Teilnehmer schon nach wenigen Sitzungen, dass Fortschritte erzielt werden. Er fühlt sich positiver, freier und besitzt mehr Kraft. Zudem bekommt er eine andere, freundlichere Ausstrahlung.

Es hängt aber immer vom einem selbst ab, was geschieht. Und jede Therapie ist individuell. Jeder reagiert anders auf die Energie und das ist auch gut so. Wenn nur die Person wirklich will, dann erreicht man eine Menge. Aber sie schlägt nicht immer gleich an. Fehlschläge gibt es sicher auch hier. Dann ist meine Methode für denjenigen nicht geeignet und ich helfe ihm, eine andere für ihn passende Therapie zu finden.

Fallbeispiel:
Eine junge Frau, 23 Jahre alt kam nicht mit ihrem
Leben klar. Eltern geschieden, Vater nicht präsent,
Mutter nicht in der Lage die Elternrolle zu
übernehmen, war sie völlig durch den Wind. Sie
arbeitete in einem Kurort an der Flensburger
Aussenförde als Kindermädchen und Kellnerin,
hatte eine glücklose Beziehung nach der anderen
und wurde von den Männern nur ausgenutzt.
Zudem spielte ihre Haut mit Akne immer wieder
verrückt.

Nach Schilderung der persönlichen Situation
empfahl ich ihr eine energetische Psychotherapie.
Zudem unterstützte ich den Prozess in diesem Fall
mit einer Bach-Blütentherapie, mit der ich auch
gern arbeite.

Nach der ersten Sitzung erzählte die Patientin,
hatte sie intensiv geträumt. Ihre Eltern und zwei
Männer hatten ihr Fesseln angelegt. Sie war
bewegungsunfähig und wurde von den beiden
Männern mehrfach vergewaltigt, während ihre
Eltern zusahen. Zudem bekam sie Schmerzen, die
sie wie Wachstumsschmerzen beschrieb.

Die nächste Behandlung brachte den Durchbruch.
In einer Aussprache mit ihrer Mutter ließ sie alles
Unausgesprochene zum ersten Mal heraus und
führte so ein klärendes Gespräch mit ihr.

Aber es dauerte noch ein Vierteljahr mit
wöchentlichen Behandlungen bis die ersten
Erfolge sichtbar wurden. Jetzt klärte sie
Verdrängtes mit ihrem Vater. Nach dieser längst
überfälligen Aussprache kam es zu einem neuen

und guten Verhältnis zwischen den beiden. Anschließend bat sie ihren Chef sie als Restaurantfachfrau auszubilden. Der war zunächst sehr unsicher, was mit seiner Angestellten geschehen war. Er kannte sie so gar nicht. Bevor er die Genehmigung ausgesprochen hatte, rief der Chef bei mir an und erkundigte sich nach diesen Veränderungen. Die Patientin hatte mich zuvor von der Schweigepflicht entbunden. Ich berichtete ihm von den Vorgängen in ihr. Schließlich stimmte er dem neuen Ausbildungsvertrag zu.

Nach einem halben Jahr war sie soweit, das sie sich mehr und mehr von meiner Arbeit löste. Erst zwei, dann einmal monatlich kam sie zu mir in die Praxis. Bis dann eines Tages der Satz von ihr kam: „Ich denke, das ich stark genug bin, alleine durch mein Leben zu gehen. Danke!"

Inzwischen habe ich gehört, dass sie ihre Ausbildung sehr ernst genommen hat. Sie hat einen neuen Freund mit dem sie seit sieben Monaten fest zusammen ist. Jetzt hat sie ihr Leben in den Griff bekommen. Gratulation Frau XYZ!

Coaching

Begleitung von menschlichen Entwicklungsprozessen durch Gespräche, Energietherapie und Powerpointaktivierungen

Es gibt Menschen, die benötigen in bestimmten Lebenssituationen einfach nur einen energetischen Anschub, einen Gedankenanstoss, um wieder nach vorne zu gehen zu können. Sie sind an einem Punkt, wo Veränderungen notwendig sind, sich aber nicht einstellen. Hier kann die Energie helfen, dass neue Impulse entstehen. Meine Energiearbeit sorgt für Gedankenanstösse, damit sich unbefriedigte Situationen auflösen und in konstruktive Gedanken wandeln.

Bei der Behandlung stelle ich mich ganz auf den Patienten ein und gebe die Kraft in die Zentren seines Gehirns, die sich mit seiner Entwicklung beschäftigen. Durch die Power fangen diese an, die Information auszustrahlen, das etwas Neues in ihr Leben kommen soll, was ihnen hilft, wieder zufriedener zu werden.

Denn, wie man in den Wald hinein ruft, so schallt es auch wieder heraus. Sind sie bereit für Veränderungen? Dann werden diese unweigerlich kommen, denn nach dem Resonanzgesetz ziehen sie das an, was sie ausstrahlen.

Wichtig ist es, das sie bereit sind für das was da auf sie zu kommt. Es ist nicht immer das was sie sich wünschen, aber alle Wege, auch die Umwege führen letztendlich nach Rom. Denn der Bauplan ihres Lebens entwickelt sich leider nicht immer so, wie man es sich anstrebt. Trotzdem ist jede Veränderung in meiner Arbeit willkommen, denn es zeigt mir, dass ich mit dem Patienten auf dem richtigen Wege bin.

Das Coaching ist für alle Bereiche des Lebens geeignet. Wenn sie spüren, das sie unzufrieden sind mit ihrem Dasein, wenn sie merken, das etwas still steht oder sich nicht mehr weiterentwickelt, dann ist Coaching ideal um neue Wege gehen.

Bitte denken sie aber daran, dass alles seine Zeit braucht, um sich zu realisieren. Ungeduld verzögert alles, stellt alles in Frage und kann neue Ansätze sogar zerstören. Wer aber die Geduld bewahrt, dem ist eines sicher, nämlich das seine Ziele sich verwirklichen.

Meine energetische Tätigkeit lenkt die Kraft nur in die Ziele, die der Mensch erreichen will. Manipulieren ist dabei nicht möglich, die Energie verstärkt immer nur das was in uns drin steckt und wozu wir bereit sind. Und das ist auch gut so. Denn wir wollen uns entwickeln nach unseren Vorstellungen und nicht so, wie ein Anderer uns haben will.

So kann ich mir sicher sein, das ich kein Karma mit jemand Anderem aufbaue, sondern ihn unterstütze in dem was er will. Und was alles machbar ist, das habe ich immer wieder erlebt. Es ist interessant zu sehen wie Menschen sich entwickeln, wenn sie nur bereit sind, Neues in ihr Leben zu lassen. Es ist eine Reise in unser Potential, in unsere Entwicklung und das ist und bleibt spannend, denn es geht um uns, um das

Leben, was wir glücklich und zufrieden leben wollen.

Fallbeispiel:

Ein junger Mann, 26 Jahre alt kam zu mir, weil er unzufrieden war mit seiner Lebenssituation. Da er vor kurzem arbeitslos geworden war, fühlte er sich energielos und wusste nichts mit sich anzufangen. Seine Frau versuchte ihn zwar zu motivieren, aber er vermochte es nicht Rat von ihr anzunehmen.

Meine Aufgabe sah ich darin, ihn wieder auf eine berufliche Erfolgsschiene zu bringen. Zunächst bearbeitete ich seine Ausstrahlungsebene „Arbeit". Denn wenn diese klar in die Welt aussendet, dass er eine Arbeit sucht und auch wirklich arbeiten will, dann kommt im Zuge des Resonanzgesetzes eine Antwort vom Leben. Aber es entwickelte sich anders als geplant.

Nach der dritten Sitzung war immer noch nichts passiert. Jedoch erzählte er mir beiläufig, dass er als gelernter Tischler aus lauter Frust in seine Garage gegangen war, um seinem Neffen einen Bollerwagen für dessen Geburtstag zu bauen. Vielleicht war das ja ein Hoffnungsschimmer, um ihn aus der Misere heraus zu holen?

Also gab ich in diesen Zustand des „ich bin zufrieden, wenn ich etwas herstellen kann" meine gesamte Energiearbeit.

Was nun kam, konnte ich auch nicht vorhersehen. Die Geburtstagsparty erreichte er in dem Moment als mehrere Eltern dort ihre Sprösslinge abgaben. Als sie sein Geburtstagsgeschenk sahen waren sie hellauf begeistert. Wo man denn einen so originellen und stabilen Wagen kaufen könne, war die Frage. Die Antwort hatte selbst meinen Klienten überrascht. Als wenn er es nicht selber war, der antwortete, sagte er: „Bei mir selbstverständlich!"

Innerhalb von zwei Minuten hatte er seine ersten drei Aufträge, einen Bollerwagen zu fertigen. Schnell erledigte er seine Arbeit und lieferte sie aus. Während der nächsten Behandlung berichtete er mir davon und die nächsten Sitzungen hatten immer das gleiche Thema.

Nach einer Woche hatte er schon vier Aufträge und die Woche darauf acht. Da das Preis-Leistungsverhältnis stimmte, riefen immer mehr Leute an und bestellten solche Kinderfahrzeuge. Nach einem halben Jahr machte er sich mit der Anfertigung von verschiedenen Größen von Blockwagen selbstständig und war einer der zufriedensten Tischler, die ich je kennen gelernt hatte. Als Dank bekam ich einen Miniblockwagen, mit dem meine Kinder lange gespielt haben.

So kann es kommen. Mit dieser Entwicklung hatte ich nicht gerechnet. Das Leben lässt sich nun mal nicht in die Karten schauen. Und das ist auch gut so. So bleibt unser Dasein immer spannend, was die Zukunft angeht.

AKASHA-CHRONIK-Beratung

Readings, Lesungen in der AKASHA-CHRONIK, dem Lebensbuch der Erde, um Ursachen von heutigen Problemen und Erkrankungen zu erkennen und diese durch die Energetik zu lösen.

Zunächst einmal bedarf es einer Erklärung, was die AKASHA-CHRONIK oder das Akasha-Feld eigentlich ist.

Dazu können wir ein paar Begriffe aus der Computersprache verwenden, die helfen, das Akasha-Feld besser zu verstehen. Stellen wir uns vor, dass unser Leben die Festplatte darstellt. Wollen wir nun Informationen bekommen, zu denen wir normalerweise keine Verbindung herstellen können, müssen wir einen Kanal herstellen. Das ist wie ein USB-Kabel zu einer externen Festplatte. Auf dieser sind Informationen gespeichert über unsere vergangenen Leben, unsere Gegenwart, die Aufgaben, die wir zu bewältigen haben sowie unsere Zukunft.

Als Medium bin ich das Kabel, die Verbindung zwischen Computer und der externen Festplatte. Auf dem Speichermedium sind in einer anderen Dimension positive wie negative Gefühle enthalten, die entstanden sind durch intensive Ereignisse im Leben wie Krieg, Krankheit, Leiden usw.. Aber auch die Orte an denen starke positive Gefühle empfunden worden sind oder die dazu gehörigen Menschen, mit denen wir Gutes erlebt haben, sie alle sind in dieser Akasha-Chronik gespeichert. Das gilt genauso für negatives.

Jede Seele, das überdauernde Prinzip, lebt viele Male auf der Erde. Man kann sich jedes einzelne Leben, wie ein Kapitel in unserem Lebensbuch vorstellen. Aufgrund meiner Medialität bin ich in der Lage, jeden Abschnitt darin zu lesen.

Vor meinem dritten Auge läuft, wenn ich mich auf einen Ort, ein Ereignis, eine Epoche oder eine Person konzentriere, eine Art Kinofilm ab. Meine Konzentration ist auf eine klar definierte Sache fixiert und die Ursache für besondere Erlebnisse taucht aus dem Dunkel der Vergangenheit auf und gibt Antworten auf Fragen, die der Patient gestellt hat.

Die Bandbreite ist vielfältig. Der Eine will wissen, warum er immer wieder mit bestimmten Personen und Konflikten konfrontiert wird, ein Anderer möchte die Ursache für eine Krankheit oder Blockade, Angst usw. wissen.

Fragen nach Vorfahren, Geschichten über Gebäude und Grundstücke gehören genauso dazu wie Kontakte zu historischen Persönlichkeiten.

Das Akasha-Feld zeigt mir Dinge, die helfen, sich und andere besser verstehen zu lernen. Bei einer Lesung laufen die Leben immer chronologisch ab, d.h. die ältesten Leben kommen zuerst in mein Bewusstsein. Warum es so ist, ich weiß es nicht. Denn es gibt ja bekanntlich die Theorie, dass alles eins ist, das alles gleichzeitig abläuft. In meiner Arbeit kommen die Infos nacheinander, vielleicht auch, um eine Ordnung hinein zu bringen. Denn

ich wäre leicht verwirrt, wenn alle Leben auf
einmal in mein Bewusstsein kämen.

Das Ziel ist dem Menschen tiefe Einsichten in
seinen bisherigen Werdegang bekommen zu
lassen. Denn aus seinen Vorleben resultieren seine
jetzigen Aufgaben. Dazu kommt natürlich, dass
wir uns heute auch neuen Herausforderungen
stellen wollen, erstmalig auf ein anderes Terrain
wagen. Diese Mischung ist bei jedem anders. Wir
ziehen aus alten Leben Orte, Personen und
Ereignisse an und mischen sie mit ganz neuen
Lernaufgaben. Somit bewegt man sich vorwärts
und erfährt eine Bereicherung seines Lebens. Wir,
hier auf der Erde, wollen am liebsten nur positive
Erfahrungen machen und das Negative aus
unserem Dasein verdrängen. Aber gerade die sind
es, die uns prägen und uns zudem machen was wir
sind. Wer mehr über sich erfahren will, der sei
eingeladen, eine Reise in die Zeit zu unternehmen,
in sein Wirken, sein Denken und Handeln. Es wird
die aufregendste Fahrt ihres Lebens sein.

Die drei Arten des Karmas sind: Personen-, Orts-, sowie zeitgebundenes Karma

Das nach meiner Meinung am häufigsten
vorkommende ist das Karma, welches uns mit
Personen verbindet. Jeder Mensch, der uns nahe
steht oder jemand mit dem wir besondere
Auseinandersetzungen erleben, hat mit uns eine
Verbindung aus vergangenen Leben. Selten, das es
nicht so ist.

Mit den meisten der Personen um uns wie Eltern, Geschwister, Freunde, Partner, Kinder usw. haben wir eine energetische Verbindung in die Vergangenheit. Das heißt aber nicht, dass es immer eine schlechte Beziehung sein muss. Wenn wir unter jemandem zu leiden haben, kann es auch sein, das er früher mal unter uns gelitten hat. So können wir uns selber erklären, was wir mit diesen Menschen zu tun hatten und heute zu klären haben.

Fallbeispiel:

Ein Patient, Mitte dreißig hatte Probleme mit der Durchsetzung. Er hatte gute Ideen, jedoch gelang es ihm nicht diese umzusetzen.

Sein Problem lag in einem vergangenen Leben als Ritter im Mittelalter. Als Turnierkämpfer hatte er viele, gute Ideen, um zu siegen. Nicht nur mutiger sondern immer übermütiger wurde er nachdem er zahlreiche Siege davongetragen hatte. Eines Tages bei einem Turnier unterschätzte er dummerweise seinen Kontrahenten. Im Schwertkampf bewegte sich sein Gegenüber derart geschickt, dass es ihn verwirrte und er Fehler machte. So gelang es ihm nicht, den Anderen zu überwältigen, sondern der schlug ihm den rechten Arm ab.

Zwar überlebte er es, aber er war zum Krüppel geworden. Zweifel kamen in ihm hoch, Minderwertigkeitsgefühle und Versagensängste. Diese intensiven Empfindungen nahm er mit in sein heutiges Dasein.

Durch Abnabelung und einige Behandlungen wurden diese Ängste restlos aus seinem Leben entfernt. Immer häufiger gelang es ihm seine Ideen zu realisieren, sie umzusetzen. Heute besitzt er eine innovative Ideenschmiede und hilft vielen Menschen ihre Visionen in die Tat umzusetzen.

Ortsgebundenes Karma sagt aus, was uns mit einem bestimmten Ort verbindet. Fühlen wir uns von ihm angezogen oder abgelehnt? Burgen, Kirchen, Klöster, Städte, ja ganze Länder können uns emotional bewegen.

Spüren wir eine ausgeprägte Ablehnung gegen besondere Orte, dann können wir sicher sein, dort einmal etwas Unangenehmes erlebt zu haben. Denn unser Unterbewusstsein, das ja mit unserem Lebensbuch verbunden ist, meldet sofort Gefahr, wenn wir an einen solchen Platz kommen. Dabei muss es nicht immer genau der gleiche sein, nur eine ähnliche Schwingung genügt, um die rote Warnlampe in uns angehen zu lassen.

Denken Sie doch mal an bestimmte Länder. Warum mögen wir das eine Land und ein anderes lehnen wir ab? Wenn wir in diesem Leben dort keine besonderen Erfahrungen gemacht haben, dann kann es doch sein, das wir früher dort gelebt haben und entweder in positiver oder negativer Ausrichtung unsere Existenz an diesem Ort gelebt haben.

Als Beispiel mag hier besonders ein Fall dienen:

Ein Mann, Mitte dreißig litt unter Höhenangst. So weit, so gut, wenn nicht ein neuer Job, der gut dotiert war, mit dem Fliegen zu tun gehabt hätte.

Er versuchte es mit einem Flugtraining, das ihm aber wenig half seine Ängste zu überwinden. Über Umwege kam er zu mir. Ich untersuchte den Fall und erkannte, dass die Vergangenheit dafür verantwortlich war. Im frühen Mittelalter verdiente er als Maurer am Bau des Ulmer Münsters seinen Lebensunterhalt.

Während eines Winters, es war wohl an diesem Tag besonders kalt, wärmten sich die Handwerker mit Hilfe von viel Alkohol auf und gingen völlig betrunken früh schlafen. Am nächsten Morgen stieg der müde Maurer hoch auf das Gerüst und übersah in schwindelnder Höhe eine glatte Eisfläche auf dem Holz. Er rutschte aus, flog über das Geländer und stürzte in die Tiefe. Unten aufgeschlagen, lag er noch einige Minuten bei Bewusstsein bevor er starb. Dabei gab er der großen Höhe die Schuld an seinem Tod. „Höhe = Tod" war die letzte Botschaft, die er mitnahm, bevor er seine Augen für immer schloss.

Nun ergab es sich, dass er einige Tage Urlaub machen konnte und seine Frau und er beschlossen nach Ulm zu fahren. Gesagt, getan. Sie bestiegen nunmehr den Turm des besagten Gotteshauses. Als die Beiden in etwa die Hälfte des Aufstiegs geschafft hatten, machten sie eine Pause. Der Patient sah ein großes Fenster und ging darauf zu. Als er hinaus schaute, sah er zunächst die schöne Stadt Ulm. Dann neigte sich sein Blick nach unten auf den Platz unter ihm. Spontan war er in einer mittelalterlichen Welt. Er sah das Baugerüst, den unfertigen Teil des Gebäudes. Nun bemerkte er, dass unter ihm die Beine ausrutschten und er den Halt verlor. Er schrie auf, was seine Frau dazu bewegte, aufzuspringen und ihren Mann festzuhalten. Dieser sah sich vom Gerüst fallen und spürte recht deutlich, wie er auf den Boden aufschlug. Dort lag er regungslos, denn Bewegungen waren nicht mehr möglich. Seine Gedanken wanderten zu seiner damaligen Familie hin, zu Freunden und seiner Arbeit, die er wohl sehr gemocht hatte. Nun spürte er, wie er den Körper verließ, leichter und schmerzfrei wurde. Sein nächster Gedanke war wieder in seinem heutigen Dasein. Er hatte seinen Tod noch einmal durchlebt und konnte mit diesem längst vergangenen Leben endgültig abschließen.

Nun hatte er auf einmal den Mut ganz nach oben in den Turm zu steigen, um die Aussicht zu genießen. Zwar waren noch leichte Ängste vorhanden, aber seine Furcht nach unten zu schauen, war verschwunden.

Zuhause bekam er noch einige Nachbehandlungen. Bis heute hat er nie wieder diese Ängste gespürt. Zwar ist das Fliegen nicht gerade seine Lieblingsbeschäftigung, jedoch macht er es, ohne das seine qualvollen Gedanken ihn noch einmal erreichten.

Zeitbezogenes Karma:
Mit diesem Karma bezeichnet man die Umstände, die plötzlich und völlig unerwartet eintreten in unserem Leben. Wenn ein Mensch mit einer so spontanen Situation konfrontiert wird, dann kann es bedeuten, dass in einem vergangenen Leben eine Aufgabe begonnen wurde, die ein jähes Ende fand.

Fallbeispiel:

Eine Frau, Anfang zwanzig kam zu mir, weil sie durch einen Unfall querschnittgelähmt war. Sie wollte der Ursache auf den Grund gehen.

Ich analysierte ihr AKASHA-Feld und empfing das Leben, welches ihr heutiges Schicksal beeinflusste. Vor rund einhundertfünfzig Jahren war sie eine junge Gräfin in Schottland. Sie besaß ein Vollblutpferd das sie kaum beherrschen konnte. Bei einem Ausritt ging es mit ihr durch und warf die Reiterin ab. Diese fiel auf einen Felsen und blieb bewusstlos liegen. Sie wurde zwar gefunden und gerettet, jedoch war sie, na was glauben sie? Querschnittgelähmt.

Statt froh zu sein, dass sie mit dem Leben davongekommen war, wurde sie immer missmutiger und vergrämter. Sie gab der ganzen Welt die Schuld für ihr Unglück, statt das Schicksal anzunehmen und das Beste aus dieser Situation zu machen. Schließlich erschoss sie sich mit der Pistole ihres Vaters.

Die Klientin war kreidebleich geworden. Denn sie hatte in diesem Leben einen Autounfall gehabt, war zu schnell gefahren und aus dem Wagen geschleudert worden. Und nun haderte sie wieder genauso mit ihrem Leben wie damals. Wieder war sie dabei, allen die Schuld an ihrem Unglück zu geben.

Durch das Gespräch erkannte sie ihre Chancen, sie war immerhin noch am Leben und hatte die Möglichkeit daraus das Beste zu machen. Sie musste nur lernen ihre Einstellungen zu ändern, um wieder Freude zu haben.

Heute ist sie mit einem netten Mann verheiratet, Mutter zweier süßer Mädchen und hat einen tollen Halbtagsjob, wo ein Rollstuhl überhaupt nicht stört.

Sie war Gefahr gelaufen, in die gleiche Rolle hineinzufallen wie schon einmal Jahrhunderte vorher. Doch diesmal erkannte sie ihre Möglichkeit, etwas zu verändern und ich weiß, dass es in einem nächsten Dasein sicher kein solches Unglück mehr geben wird.

Ein anderes Beispiel ist auch sehr interessant:

Eine Frau, Mitte vierzig, klagte seit zwanzig Jahren immer wieder über einen starken Rückenschmerz, der sie, wie sie meinte in zwei Hälften zerteilte.

Die Untersuchung ergab folgendes Bild:

Die Patientin war in ihrem letzten Leben als Soldat auf dem Schlachtschiff Bismarck mitgefahren. Im Atlantik wurde dieses Schiff vom Feind geortet, zerstört und ging mit vielen Marinesoldaten unter. Bei der Schlacht traf ein Granatsplitter seinen Rücken, der die Wirbelsäule zertrümmerte. Von seinen Kameraden unter Deck geschleppt, starb er beim Untergang des stählernen Riesen. Der Soldat war bei seinem Tode etwa Mitte zwanzig, also genauso alt, wie die junge Frau, als ihre Rückenbeschwerden das erste Mal auftauchten.

Nun wusste ich, was zu tun war.

Als erstes bat ich sie, sich auf die Liege zu legen und gab ihr eine energetische Narkosespritze. Bei einer solchen karmischen Operation befasse ich mich mit dem damaligen Menschen. Ich operierte energetisch den Granatsplitter heraus und löste sie ab von diesem vergangenem Ereignis. Denn durch meine Hellsichtigkeit erkannte ich den Splitter. Er war recht groß und ich konnte ihn aus dem Energiekörper herausschneiden. Im Anschluss daran nahm ich noch die Schockenergie aus der Wunde, um sie als letztes zu vernähen.

Die Reaktion darauf war, dass sich die Patientin zuhause wie nach einer echten Operation fühlte, sie schlief nur noch und erst zwei Tage später kam sie wieder richtig zu sich. Zwischendurch berichtete sie mir, dass sie auch eine Art Äther- oder Narkosegeschmack im Mund geschmeckt hatte.

Zwei weitere Behandlungen zur Nachsorge genügten und sie war vollkommen beschwerdefrei.

Es gab aber noch eine Besonderheit an dieser Geschichte. Nicht nur, das sie die Schmerzen in dem Alter bekam, als der Soldat damals starb, sondern die Bismarck war am 27.Mai 1941 untergegangen und die Dame war am 27.Mai 1947 wieder geboren worden. Was für ein Zufall, dass der eine stirbt und genau sechs Jahre später wird er/sie wiedergeboren am gleichen Tag. Und nun kommen sie, meine verehrten LeserInnen???

Die Frage taucht nun auch auf, ob man dann nicht auch in die Zukunft reisen kann. Ist es möglich, wenn in der AKASHA-CHRONIK alles drin steht, dass man auch zeitlich nach vorne geht, um dort Informationen abzurufen.

Meine Antwort lautet ja, es ist machbar. Jedoch ist unsere Zukunft ein Zusammenspiel von einer Vielzahl von Kräften, die sich in jeder Sekunde ändern. Je näher wir einem Ereignis kommen, umso wahrscheinlicher wird es, dass es stattfindet. Je mehr Energie in einer Begebenheit steckt umso früher kann sie wahrgenommen werden.

Es heißt, dass ein Flügelschlag eines Schmetterlings in Europa einen Sturm auslösen kann. Eine Unzahl von Dingen passiert in jedem Augenblick und können unser Hier und Jetzt beeinflussen. Faktoren die wir auf der einen Seite kennen, andere sind uns unbekannt. Anders als die Vergangenheit, die ja schon stattgefunden hat und sich nicht mehr ändert, es sei denn wir lösen unser Karma auf, unterliegt das vor uns liegende einer hohen Flexibilität der Ereignisse. Somit ist es immer nur wahrscheinlich, dass es so und nicht anders passiert. Aber genau können wir uns nicht festlegen.

Wenn ich mit einem Klienten seine Zukunft bespreche hat dies nichts mit Kartenlegerei oder Wahrsagen auf dem Jahrmarkt zu tun. Das Akasha-Feld zeigt schon mögliche Wege auf. Jedoch ist die energetische Spur eines Menschen immer soweit flexibel, so dass eine Entscheidungsfreiheit immer gewahrt bleibt. Sie entscheiden, was sie wann und wo machen oder auch nicht. Sie beenden das Lesen dieses Buches jetzt oder erst mit dem letzten Kapitel. Sie besitzen somit die Macht, ihr Leben selbst zu bestimmen. Dieses Gefühl macht sie frei in ihren Entscheidungen. Der freie Wille hat also ein Wörtchen mitzureden, indem was in ihrer Zukunft geschieht.

Es ist immer nur eine mögliche Zukunft, von der ich ihnen erzählen kann. Sie haben es in der Hand, was sie machen wollen mit dem Wissen um ihre möglichen Aussichten.

Ob sie etwas tun oder es lieber lassen, diese Antwort kann und werde ich ihnen nicht geben. Aber beim Abwägen der einen oder anderen Möglichkeit bin ich ihnen gern behilflich. Sie bestimmen, was geschieht, kein Anderer und das ist auch gut so. Sonst wären wir Marionetten, seelenlose, biologische Maschinen, die nur funktionieren aber nicht wirklich leben um Erfahrungen zu sammeln und zu lernen. Danken wir dem Leben dafür, für diese einzigartige Freiheit.

Bei der Vielzahl von Beratungen ist mir eine besonders im Gedächtnis geblieben.

Ein Ehepaar wollte einiges aus ihrer Zukunft wissen und ich erzählte ihnen, was ich sah. Jedoch kam eine Szene besonders hervor. Bei einer Autobahnfahrt konnte ich wahrnehmen, dass die beiden in einen Unfall verwickelt werden könnten. Aber ich bekam keine Informationen, wann und wo es geschehen würde. Mein Gefühl war, das irgendetwas geschieht, was vielleicht die Situation mildern oder abwenden würde.

Das Ehepaar war nicht besonders gläubig. Sie wussten, dass sie ihrem Schicksal nicht entrinnen konnten. Trotzdem beteten sie und baten ihre Schutzengel besonders gut auf sie aufzupassen.

Ich hatte die Sache längst vergessen, als ca. drei Monate später mein Telefon klingelte. Der Mann war am Apparat und berichtete mir, dass sie auf der Rückfahrt von einem Urlaubsort waren. Alles war in Ordnung, die Laune war gut und der Straßenverkehr floss so vor sich hin. Jedoch machte sich nun die Blase des Mannes bemerkbar. Obwohl er vor Fahrtantritt zur Toilette gewesen war und nicht besonders viel getrunken hatte, musste er die nächste halbe Stunde alle fünf Minuten auf einen Rastplatz, um die Blase zu leeren. Dreimal ging das so, bis es spontan wieder aufhörte.

Als sie dann weiterfuhren, sahen sie einen Unfall wo mehrere Fahrzeuge aufeinander aufgefahren waren. Sie aber fuhren daran vorbei. Die Frau rechnete dann aus, hätte ihr Mann nicht dauernd zur Toilette gemusst, wären sie genau in diesen Unfall geraten. So hatten meine Informationen und deren Bitte um Hilfe dazu geführt, dass sie unbeschadet nach Hause fahren konnten.

Karmastellen

Durch das erweiterte Familienstellen erkennen wir Ursachen aus vergangenen Leben sowie aus unserem jetzigen Dasein und lösen sie auf.

Anfang 2000 war ich in eine besondere Situation hineingeraten wo ich fremde Hilfe benötigte. Durch einen Arzt, mit dem ich zusammenarbeitete, bekam ich den Rat, doch mal das Familienstellen auszuprobieren.

Diese Technik wurde von Herrn Hellinger in den 80er Jahren entwickelt. Der Begründer ging davon aus, das alle Probleme, die wir im Leben haben, eine Ursache aus der Familie, dem Umfeld und die daraus resultierende Erziehung darstellte. Eine Dame aus Hamburg, die mit dieser Methode arbeitete, kam regelmäßig in unsere Stadt, um hier mit Seminarteilnehmern an der Auflösung ihrer Probleme zu arbeiten.

Neugierig geworden, nahm ich an einem ihrer Seminare teil. Jeder einzelne kam an die Reihe. Nun stellte ich meine Familie auf. Ich sollte jemanden aus der Runde für jeden meiner Familienmitglieder bestimmen. Da diese Teilnehmer meine Familie nicht kannten, war ich erstaunt, wie genau sie die Rollen übernahmen. Durch dieses Rollenspiel wurden mir die Muster klar, die mein Problem in der jetzigen Lebenssituation darstellten. Mit Hilfe der anderen gelang es mir, mich für immer davon zu lösen.

Obwohl das Thema nicht mehr präsent war, hafteten meine Gedanken lange an dieser Therapie. Was ist, wenn nicht alle Schwierigkeiten unseres

Lebens aus der Ursprungsfamilie stammen würden, sondern wir durch unser Karma Probleme aus vergangenen Leben mit in dieses Dasein nehmen, um sie aufzulösen. Und könnte man sie dann nicht genau so löschen wie es Herr Hellinger machte?

Meine Fragen wurden schnell beantwortet, denn einige gute Freunde stellten sich zur Verfügung, um den Test zu machen.

Wir versammelten uns und ich führte alle gemeinsam innerhalb der Gruppe zurück in vergangene Leben. Dabei half mir eine sanfte Entspannungsmeditation. Sie sollten nach tiefen Ursachen für die Probleme, die sie hatten suchen, sich diese anschauen ohne etwas zu bewerten.

Nachdem ich alle wieder in die Realität geholt hatte, begannen sie zu erzählen welche Ursachen sie für ihre Themen gesehen hatten. Nacheinander stellten sie das auf, was sie vorher in der Rückführung bemerkten.

Nun kam ich ins Spiel als eine Art Regisseur. Ich wählte die Eigenschaften aus, die es zu bearbeiten galt. Verloren gegangene Teile der Psyche fügte ich wieder zusammen mit Hilfe der Aufsteller, Schuldgefühle und nicht mehr zugehörige Charakteranteile löste ich ab.

Alle stellten ihre Themen auf und lösten sich von alten belastenden Mustern. Mit dem Gefühl einer gewissen Erleichterung gingen wir auseinander. Nach zwei Wochen trafen wir uns erneut, um unsere Erfahrungen auszutauschen. Nicht nur ich war erstaunt, was alles seit der der Aufstellung bei den Leuten passiert war. Erleichterung zeigte sich bei dem einen, bei den anderen eine gänzlich veränderte Lebenssituation. Alle hatten gemerkt, was die Technik des Karmastellens bei ihnen bewirkte und baten um einige weitere Sitzungen. Ich tat ihnen den Gefallen, denn ich wollte wissen, was sonst noch alles passieren würde.

Und es geschahen noch eine Menge positiver Dinge bei jedem Einzelnen, so dass ich Anfang 2002 mit meinen Karmastellen-Seminaren begann. Bis heute trifft sich eine offene Gruppe in Flensburg einmal in der Woche um Probleme auf diese effiziente Art und Weise zu lösen. Es bildeten sich weitere Gruppen in Nordfriesland und in einem Gesundheitszentrum in Glücksburg an der Ostsee.

Jeder, der will, kann daran teilnehmen. Es sind keinerlei Vorkenntnisse notwendig, nur der Wille, Dinge in seinem Leben verändern zu wollen.

Es ist egal, wo die Probleme liegen, alles kann und wird auch aufgestellt. Sei es Beziehungsprobleme, Arbeitslosigkeit, Karrierestaus, Ärger mit anderen Menschen oder die finanzielle Lage, das Karmastellen hilft in jeder Situation.

Fallbeispiele:
In unsere Gruppe kam eine Frau, Ende vierzig. Sie wollte stellvertretend für ihre im Koma liegende Mutter aufstellen. Die Mutter hing zeitlebens immer sehr an ihrer Familie und konnte nur schwer von Gewohnheiten lösen. Nun hatte sie einen Schlaganfall erlitten und lag im Koma. Ihre Tochter wollte stellvertretend für die Mutter aufstellen, um zu erfahren, was sie noch hier hielt

und was sie hinderte entspannt und zufrieden loszulassen. Sie benannte eine Person und bat sie, die Rolle zu übernehmen.

Eine Frau übernahm die Rolle der Mutter, versenkte sich einen Moment lang und spürte plötzlich, wie sehr diese litt. Der Grund dafür, dass sie nicht loslassen konnte, war, dass sie sich zuviel Sorgen machte um ihre Kinder und Enkel. Sie fühlte sich unentbehrlich und verantwortlich für alle. Die Tochter sprach sehr emotional und fürsorglich mit ihr und machte ihr klar, dass sie nun gehen könne, denn alles war ja in Ordnung.

Das Unterbewusstsein sah es ein und die Mutter erwiderte, sie wolle versuchen loszulassen, um nun ihren neuen Weg zu gehen.

Die Frau, die diese Rolle übernommen hatte, trat nun einen Schritt zurück, um sich daraus zu lösen.

Eine Woche später bekam ich einen Anruf. Die Tochter teilte mir mit, dass die Mutter mit einem Lächeln über Nacht verstorben war. Durch das Akasha-Feld hatte sie die Informationen empfangen, konnte so loslassen und ihren Weg gehen.

Eine andere Frau mittleren Alters kam zu uns in die Gruppe und berichtete davon, dass sie Probleme hätte mit ihren beiden pubertierenden Kindern. Den Kindern mangelte es an Respekt der Mutter gegenüber. In der Rückführung sah die Dame, dass sie in einem anderen Leben im Mittelalter als Kind sehr streng erzogen worden war. Sie durfte nicht widersprechen und musste ausnahmslos gehorchen. Häufig bekam sie Schläge mit der Rute und anderen Strafinstrumenten. Das hatte in der Seele einen so tiefen Schock hinterlassen, dass sie auch in dem heutigen Leben nicht zu widersprechen wagte.

Wir stellten dann ihre damaligen Eltern auf, ihre Lernaufgabe und ihre Kinder im heutigen Dasein. Der Kontakt zu den damaligen Erziehern war wenig fruchtbar, denn die sahen es als normal an, ihre Kinder so zu erziehen. Die Frau verabschiedete sich von ihnen und ich durchtrennte die energetische Nabelschnur, die die Eltern mit ihrer Tochter verband.

Das gleiche unternahmen wir mit der damit zusammen hängenden Lernaufgabe. Die Kinder aus dem heutigen Leben, die anfangs ihrer Mutter keinen Respekt zollten, spürten, dass sich bei der Mutter etwas änderte. Aber Respekt hatten sie immer noch nicht. So bat ich die Aufstellerin, dass sie eine Person für ihren Respekt aufstellen sollte. Sie suchte sich einen älteren Herrn mit weißem Haar aus. Der fühlte sich zunächst kraftlos in dieser Rolle. Erst als die Dame „den Respekt" bat, in ihr Leben zu kommen, um sie bei der Erziehung der Kinder zu unterstützen, kam Leben und Energie in die Karmagruppe wie auch in den Rollenspieler des Respekts.

Die beiden Stellvertreter der Kinder nahmen ihre Mutter anders wahr und zogen sich ein Stück weit zurück aus der Runde. Eine der Kinder sagte sogar, dass sie nun nicht mehr frech sein konnte, denn von der Mama ging eine neue kraftvolle Energie aus. Die Runde wurde nun aufgelöst, weil das Ziel erreicht war.

In der Realität änderte sich die häusliche Situation innerhalb weniger Wochen. Die Mutter spürte immer mehr ihre neugewonnene Kraft und hatte den Mut, ihren Kindern zu sagen, wer der „Herr im Hause" war. Nach einigen Kämpfen begannen die beiden Heranwachsenden ihre Mutter anders zu behandeln und sich einzufügen, wenn sie etwas sagte. Eine andere Harmonie stellte sich ein. So konnte das Problem schnell und effektiv gelöst werden.

Letztendlich lassen sich alle Probleme aufstellen. In den meisten Fällen kommt es spontan zu positiven Veränderungen, bei anderen benötigt man mehrere Aufstellungen, um belastende Dinge zu verändern.

Wer also ein klein wenig Mut besitzt, der sei herzlich willkommen!

Mediale Astrologie

Was unterscheidet die klassische Astrologie von der medialen? Nun, die eine ermittelt die astrologischen Einflüsse aus Berechnungen der Planeten, Häuser usw., meine Methode ist die energetische. Denn jede Stellung im Horoskop zeichnet sich durch mehr oder weniger Energie aus. Wenn ich eine Prognose erstelle, dann nehme ich diese Energien wahr und kann sie deuten. Ich tauche mit Hilfe meiner Medialität in das Horoskop ab. Denn jede Konstellation innerhalb des Tierkreises hat ihre Bedeutung. Sie besitzt auch eine zeitliche Qualität, so dass ich in der Lage bin, mit großer Genauigkeit zu analysieren, wann ein Ereignis oder eine bestimmte Zeit in das Leben eines Ratsuchenden treten kann.

Ich trete in Kontakt mit der AKASHA-CHRONIK, in der ja, wie schon berichtet wurde, alles beschrieben steht, was passiert ist oder geschehen wird.

So kann ich dem Klienten sagen, was in seinem Geburtshoroskop enthalten ist, welche Stärken und Fähigkeiten eine Rolle spielen in seinem Leben und welche Aufgaben er sich ausgesucht hat. Zudem kann ich erkennen, wo Schwächen liegen. Denn diese kann man zwar nicht restlos löschen, aber man kann lernen sie zu überwinden entweder allein oder mit äußerer Hilfe, damit sie an blockierender Energie verlieren.

In einem Jahreshoroskop erfasse ich, was innerhalb eines Jahres passieren kann. Das gilt aber nicht nur für Menschen, sondern auch für Unternehmen, Staaten und Projekte usw. Dabei gilt diese Prognose immer von einem Geburtstag zum anderen oder von Beginn eines neuen Projektes an.

Ich bekomme öfter den Auftrag zu ermitteln, wann der Neuanfang eines Projektes am besten geeignet wäre. In den meisten Fällen hat der Klient schon eine Vorstellung davon. Diese muss aber ab und zu geändert werden, wenn das neue Konzept von Erfolg gekrönt sein soll. Eine solche Zukunftsanalyse mittels Horoskop und dem AKASHA-Feld zur Untersuchung der Zukunft eines Menschen oder Unternehmens zeigt genau auf, wie sich ein derartiges Projekt entwickeln kann. Das vermag der Start einer Firma sein, eine Hochzeit oder der Kauf von Aktien oder Immobilien, in allen Bereichen ist es einsetzbar. Habe ich den präzisen Zeitpunkt zeigt die Analyse genau auf, welche Qualitäten und welche Möglichkeiten sich als Begleiter des neuen Projektes zeigen. Änderungen lassen sich in den meisten Fällen durchführen, um ein besseres Horoskop zu erzielen. Das heißt, wenn ich weiß wo meine eventuellen Schwächen liegen, kann ich mich darauf einstellen, sie überwinden und mich auf meine Stärken konzentrieren. Damit habe ich alle Chancen für den Erfolg meiner zukünftigen Pläne.

Auch Monats- oder Tageshoroskope sind möglich. Ich prüfe dann die Qualität und die Intensität der Energie. Ist beides sehr ausgeprägt wird sich an dem Tag, dem Monat oder in dem Jahr viel bewegen.

Dabei betone ich, dass ein nur Horoskop geneigt macht, es stellt eine Tendenz dar. Es liegt an Jedem selbst welchen Weg er einschlägt, denn es bestehen immer mehrere Möglichkeiten. Das bedeutet, dass ein Ereignis geschehen kann, aber durch neue Verhaltensweisen schaffe **ich** selbst etwas zu ändern, an dem Lebensweg, den ich zu dem Zeitpunkt gehe. Allerdings gibt es auch den Begriff der selbsterfüllenden Prophezeiung. Das bedeutet, dass ich mich so hineinsteigern kann, wenn ich um eine negative Sache weiß, sie vom Unterbewusstsein als wahr angenommen wird und ich damit das Unglück anziehe. Hätte ich nichts davon erfahren, so wäre auch nichts passiert.

Das allerdings geschieht Gott sei Dank eher selten. Die meisten können mit den Informationen arbeiten, indem sie versuchen, ihrer Aufgabe gerecht zu werden. Somit erfüllt meine mediale Astrologie ihren Zweck als Hilfe zur Selbsthilfe!

Fallbeispiel:
Ein Mann, Anfang dreißig, kam zu mir mit dem Wunsch einer astrologischen Beratung, denn er wollte sich selbstständig machen.

Als erstes prüfte ich seine AKASHA-CHRONIK auf irgendwelche Probleme bezüglich einer zukünftigen Selbstständigkeit. Nichts wies auf Schwierigkeiten hin. Im Gegenteil, denn in einem Leben war er Buchhalter gewesen in einem anderen ein selbstständiger Müller.

In seinem Horoskop fand ich mehrere Konstellationen und energetische Verbindungen, die aufzeigten, dass durchaus eine Selbstständigkeit gelingen würde. Die eine oder andere Schwachstelle besprach ich mit ihm. Er bestätigte mir diese und wusste auch um Abhilfe.

Als nächstes analysierten wir sein Jahreshoroskop. Dort sah ich einige Schwierigkeiten in Bezug auf den geplanten Eröffnungstermins. Zu dem Zeitpunkt wären wahrscheinlich Probleme, die die Arbeit als Selbstständiger betrafen, auf ihn zugekommen. In seinem jetzigen Angestelltenverhältnis würden diese nicht auftreten. Ich riet ihm, die Geschäftseröffnung um drei Monate zu verschieben, was er zunächst zur Kenntnis nahm. Begeistert war er natürlich nicht, denn voller Ungeduld wollte er natürlich sofort loslegen.

In den nächsten Wochen beriet ich ihn noch zwei Mal und ein paar Energiebehandlungen halfen ihm, die richtigen Entscheidungen zu treffen. Er verschob auch den Beginn seiner neuen Selbstständigkeit auf den Termin, den ich ihm genannt hatte.

Auch ich wurde zur Einweihung seines Geschäftes eingeladen. In den Räumen spürte ich, wie die Energie floss und sich die Kunden wohl fühlen würden.

Zehn Jahren später ist er sehr zufrieden mit seiner Selbstständigkeit und kann sehr gut davon leben.

Jedes Jahr holt er sich einen Trend für sein Geschäft bei mir ab und meine Analyse fließt in seine Entscheidungen mit ein. Mit Freude sehe ich, wie man mit der Astrologie vieles erreichen kann, wenn man geneigt ist, dem zu folgen, was die Sterne für einen vorbereitet haben.

Aufarbeitung durch Aufschreiben

Eine besondere Technik, die ich mit Menschen durchführe ist die, das erlebte, durchlittene in einer Art Geschichte schriftlich zu fixieren.

Viele Menschen können oder wollen über das was ihnen widerfahren ist nicht reden. Doch wenn es nicht mündlich geht, dann kann durch das aufzeichnen seiner ganzen Geschichte oder Teile davon einen Heilungsprozess auslösen. Denn die Psyche ist geneigt, jeden Versuch das innere Leiden zu mindern kräftig zu unterstützen.

In den Workshops kommen Leute aus allen Schichten und unterschiedlichen Alterstrukturen zusammen.

Alle möglichen Traumataarbeit werden durchgeführt: Verletzungen in Kindheit und Jugend, Eheszenarios, Suchtprobleme, Vergewaltigungen, Überfälle, Morde und Kriegserinnerungen und vieles mehr.

Es kann zu einer reinen Beschreibung des oder der gemachten Ereignis(es) oder aber auch zu einer Verselbstständigung in Form eines Romans kommen. Meine Erfahrung als Schriftsteller hilft den Teilnehmern, dass sie immer zu einer Schreibform kommen, die besonders die Emotionen anspricht. Je emotionaler etwas beschrieben wird, umso tiefer gehen die Gefühle. Und je tiefer sie angesprochen werden, umso besser ist der Verarbeitungsprozeß. Nicht wenige Menschen haben ihre Geschichten später veröffentlicht und Ruhm geerntet.

Das nochmalige Durchleben der traumatischen Sequenzen nach einem gewissen Zeitraum sorgt dafür, dass man loslassen kann, indem man zulässt, darüber zu berichten.

Diese Methode ist sehr effektiv und wird von mir sowohl als erfahrener Schriftsteller als auch als Therapeut begleitet.

Gespräche, Hilfe durchs lektorieren als auch Energiearbeit ist der Leitfaden zur Linderung seiner Probleme.

Aus verständlichen Gründen kann ich hier nicht auf Veröffentlichungen verweisen. Die ärztliche Schweigepflicht verbietet es mir und das ist auch gut so. Es gibt aber eine kleine Anzahl von Artikel, Buchpräsentationen und in Eigenregie heraus gebrachte Publikationen, die z.T. sehr beeindruckend sind.

Personaleinstellungs & Motivationsforschung für Unternehmen

Energetische Kompatibilitätsanalyse, damit der ideale Mitarbeiter gefunden wird voller Motivation und Engagement

Ähnlich wie in dem Kapitel Tests beschrieben, kann ich nicht nur Materie auf ihre Kompatibilität hin testen, sondern auch Personen und Unternehmen miteinander vergleichen.

Jeder Mensch besitzt eine ihm eigene Schwingung. Unternehmen bilden auch eine eigene Dynamik, die aus den Mitarbeitern, den Inhabern, der Motivation, Zielen, dem Engagement sowie dem Erfolges besteht.

Meine Arbeit besteht darin, den Bewerber mittels seiner Unterlagen, die ja auch seine Schwingung beinhalten mit denen des Unternehmens zu vergleichen. Da ich den zukünftigen Angestellten erfasse, kann ich auch einiges über ihn aussagen. Charakterliche Eigenschaften, Motivation, Eigenarten usw. werden von mir erkannt und dargestellt.

Indem ich auf der einen Seite den Menschen erfasse und dann die Firma hinzufüge, spüre ich die Übereinstimmung. So ist ein Bewerber mit 80 – 90% natürlich ideal für einen bestimmten Job geeignet. Normal sind aber eher 70-80%. Unter 70% bis etwa 55% sind diejenigen, die eigentlich nur irgendeinen Job suchen. Und alles was darunter ist kann man getrost vergessen.

Diese Kompatibilitätsanalyse ist sehr umfangreich und aussagekräftig. Denn jeder Betrieb will natürlich den optimalen Mitarbeiter bekommen. Und eine Bewerbung und ein Vorstellungsgespräch ist eins, aber eine energetische Erkennung ist sehr hilfreich dabei.

Andererseits kann man auf diese Art das beste Unternehmen herausfinden, welches mir die meiste Zufriedenheit bietet.

Die zweite Variante ist die, dass ich die Mitarbeiter eines Unternehmens prüfe, wie es um ihre Motivation steht, wo Unzufriedenheiten bei einzelnen Mitarbeitern aber auch in den Abteilungen herrschen. So kann das Unternehmen Gegenmaßnahmen, klärende Gespräche und Veränderungen vornehmen, so das dass Betriebsklima wieder stimmig ist.

Fallbeispiele:
Eine Unternehmerin kam zu mir, weil sie bemerkte, dass in ihren Baumärkten etwas nicht rund lief und bat mich um Hilfe.

Wenig später hatte ich eine Liste von 120 Mitarbeitern auf meinem Schreibtisch. Meine Arbeit bestand darin, sie alle auf ihre Motivation hin und ihr Engagement im Unternehmen zu untersuchen. Ich stellte fest, dass sich mehrere Personen unterfordert fühlten, ein leitender Angestellter, der wohl wirklich gute Organisationsfähigkeiten besaß, wollte kündigen, drei Personen hatten inzwischen eine innere Kündigung ausgesprochen, so das sie nun mehr nur noch ihre Pflicht taten.

Mit der Inhaberin führte ich dann ein Gespräch darüber. Einiges war ihr schon bekannt, anderes bekam sie gar nicht mit. Mit diesen äußerst wichtigen Informationen konnte sie handeln, die notwendigen Schritte unternehmen und sich mit ihren Angestellten beraten, um neue Wege zu gehen. Ein halbes Jahr später berichtete sie mir, dass sie ein großes Plus im Umsatz gemacht hatte und die Mitarbeiter engagierter und zufriedener waren.

Eine Physiotherapiepraxis bat mich heraus zu finden, wer am besten zu ihnen passte. Sie suchten eine Krankengymnastin, die engagiert war und einen guten Kontakt zu den Patienten hatte.

Sieben Bewerbungen lagen vor. Es gab eine Favoritin, die den Inhabern auch bekannt war. Jedoch warnte ich davor, denn ich erkannte, dass sie einige Monate nach der Einstellung mit der Energie der Praxis hadern werde. Sie stellten sie trotz meiner Warnung ein. Es kam wie es kommen musste. Nach vier Monaten kam es immer wieder zu Unstimmigkeiten, so dass sie ihre neue Arbeit kündigte. Sie fand schnell eine andere Praxis, wo sie wohl bis heute noch arbeitet.

Es ist jedem sein gutes Recht anders zu entscheiden als meine Empfehlung. Mir zeigte dieser besondere Fall wie gut ich mich auf meine Medialität verlassen kann.

Kontakt mit historischen Persönlichkeiten aufnehmen

Ist es möglich, das man nicht nur in vergangene Zeiten reisen kann, sondern das man mit Personen in Kontakt treten kann, die früher gelebt haben? Ich behaupte „Ja", denn ich arbeite auf diese Art mit der AKASHA-CHRONIK. Wie kann man sich so etwas nun überhaupt vorstellen?

Nun, es gibt für jede Seele, die jemals auf der Erde weilte, eine Erinnerungsspur, sagen wir, wie ein Buch. Und jedes Kapitel darin entspricht einem vergangenen Leben. Jedes einzelne Dasein unterscheidet sich natürlich von einem anderen, aber alle vergangenen Leben sind von mir auffindbar.

Wenn ich nun eine historische Persönlichkeit erreichen will, konzentriere ich mich auf seinen Namen und seine Taten. Es ist egal, ob es sich um einen Künstler, Soldaten oder Politiker handelt. Ich muss mich als Medium voll auf das Interview konzentrieren, um möglichst klare und nicht von mir gefärbte Informationen zu bekommen.

Zunächst spüre ich, wie eine Art Energie durch mich hindurch fließt, die sich immer mehr manifestiert. Meine Persönlichkeit zieht sich zurück damit sich die herbeigerufene Inkarnation ausbreiten kann. Ich verliere aber nie die Kontrolle über mich, meine Worte und Handlungen sondern trete lediglich ein oder zwei Schritte hinter mich zurück.

Nun spüre ich eine fremde Energie in mir, die sich im Allgemeinen etwas fremd vorkommt. Denn die vergangenen Personen sind oft über einen langen Zeitraum nicht gerufen worden und sie verstehen zunächst nicht was da so vor sich geht.

Ich begrüße sie mit meinen eigenen Worten, denn Gedanken aber auch ausgesprochene Worte sind nun mal Energie. Und da sie universell ist, können sie mich auch verstehen, ganz egal welche Sprache sie einmal gesprochen haben.

Nach der Begrüßung erkläre ich ihnen genau, was bei diesem Interview passiert und ob sie bereit sind sich der Aussprache zu stellen.

Bisher habe ich noch nicht erlebt, dass sich jemand geweigert hätte. Man darf nur nie vergessen, das ihre Antworten immer von ihrer damaligen Meinung geprägt. Die hat sich ja nach deren Ableben nicht verändert. Sie sind zugänglich und auch neugierig, dass sich so lange nach ihrem Tod wieder jemand für sie interessiert.

Viele Daten und Fakten aus ihrem Leben, die überwiegend vom Verstand her gekommen sind, sind verloren. Sie können sich wohl daran nicht mehr erinnern. Aber ihre Emotionen, die sie empfanden, die sind ihnen geblieben. Denn Gefühle sind immer mit Energie verbunden und die speichert sich im Akasha-Feld.

Nun mögen sie denken, dass es ganz schön gruselig ist, sich mit Verstorbenen zu unterhalten. Aber als medialer Historiker ist mein Interesse geweckt worden, wenn es um interessante Persönlichkeiten unserer Geschichte geht. Für mich ist dies eine sehr spannende Arbeit. Ich erlebe Menschen, die einmal etwas Besonderes gemacht oder getan haben. Ihre Ansichten, Werte und Motivationen geben sie uns preis und wir erleben Geschichte hautnah.

Die Frage taucht nun bei ihnen auf, ja wenn er in einer Art Trance ist, wer stellt dann die Fragen und zeichnet es auf.

Meine Frau stellt die Fragen, die wir vorher besprochen haben und mit einem Diktiergerät nimmt sie das Gespräch auf. Entweder stellen wir bestimmte Fragen, weil mich diese interessieren oder aber ein Auftraggeber wollte Angelegenheiten und Denkweise einer Person studieren. Sie werden genauso gestellt, wie der Fragende sie uns gegeben hat. Ob er allerdings immer die Antworten bekommt, ist abhängig von der befragten Person, die letztendlich dem Gespräch zustimmen muss.

Die Klientel, das sich auf diese ungewöhnliche Art und Weise mit der Geschichte beschäftigt, sind Historiker, Museumsdirektoren, Archäologen und interessierte Laien.

In einem Fall konnte ich helfen, eine vermisste Person wieder zu finden, wenn sie auch vorher auf eine natürliche Art zu Tode gekommen war.

Interessant wäre es auch, mit der Kripo zusammen zu arbeiten, wenn es um Mordfälle geht. Ich habe es noch nicht ausprobiert aber ich denke, dass ich jede verstorbene Person erreichen kann, wenn sie denn aussagen will.

Menschen wollen oft Beweise, dass meine Arbeit nicht nur Unfug und Humbug oder wie ich einmal geschrieben bekam, Leichenfledderei ist. Es tut mir leid, es gibt keine Beglaubigungen das es wirklich diejenige Person ist. Und ob er seine Liebste nun „Schatz" oder „Hase" genannt hat, spielt keine Rolle, sondern der wahre Kern enthüllt sich nach dem Tode eines Menschen und der ist vielen halt fremd geblieben, weil sie ihn anders gesehen haben oder anders sehen wollten. Vielleicht hat der Verstorbene auch nur eine Rolle in seinem Leben gespielt.

Ich kann und vor allem ich will auch nichts beweisen. Entweder sie glauben daran oder lassen die Finger von etwas, das sie nicht glauben wollen. Und das ist ihr gutes Recht, es nicht zu tun. Wer aber an die Existenz einer anderen Welt glaubt, wo wir hingehen, wenn der Tag des Ablebens gekommen ist, der bekommt wir viel wissenswertes Material, welches unser altes Weltbild total verändern wird.

Beispiel eines Interviews:
Hier kommt ein Auszug aus einem Interview mit Oberst Stauffenberg, dem Hitler-Attentäter. Der Auslöser war der Kinofilm „Die Walküre". Dort wurde die Rolle von Stauffenberg genau wieder gegeben. Uns interessierte einmal, was er selbst dazu sagen würde. Wir bekamen Kontakt und er war gern bereit, unsere Fragen zu beantworten.

Das Interview führte Hermann Schramm, Doktor der Ökonomie und Geschichte.

…….

H: Sie wurden am 01.01.1930 zum Leutnant befördert und am 01.05.1933 zum Oberleutnant. Die Beförderung zum Oberleutnant war ja schon in der Diktatur. Es interessiert mich jetzt in welcher Weise sich diese Beförderungen unterschieden. War in der Nazizeit schon der Einfluss bezüglich Symbolen,….. mit Personen bei diesen Beförderungen wirksam oder war das eine reine Reichswehr oder Wehrmachtsangelegenheit?

S: Es war eine reine Reichswehrangelegenheit. Erst mit dem Sturz von M12, dem SA-Putsch im Jahre 1934 kam der Einfluss der Partei, der NSDAP, Hitlers in die Reichswehr hinein. Es war etwa ab dem Röhm-Putsch. Wir hatten den Eindruck, dass unsere Führung diesen Einfluss erwünscht hatte, um die SA auszuschalten. Die Beförderung war eine rein administrative, weil sie einfach dran war. Weil die Beförderung notwendig war, um die Wehrmacht mit erfahrenen Offizieren auszustatten.

Ich habe meinen Leuten gezeigt was ich vermag. Somit konnten sie mir auch zustimmen, dass ich eine höhere Position als Oberleutnant hätte aufgeben können. Erst mit dem Rhön-Putsch und dem Tode unseres Reichspräsidenten Hindenburg kam der Einfluss der Partei, aber vor allen Dingen Hitlers auf die Generalität. Das haben wir ab August 1934 nicht nur durch die Vereinigung, sondern durch eine Vielzahl von folgenden Erlassen deutlich bemerkt. Das hier nicht nur die Reichswehr etwas war, was nun nicht mehr etwas war wie das hunderttausend Mannheer, sondern es war ein verlängerter Arm der NSDAP.

H: Wie haben Sie das persönlich so empfunden wie das nachher so war?

S: Sie gab uns Größe und Macht. Hitler hat uns mehrfach in seinen Reden bestätigt, das wir Waffenträger der Nation sind und das wir letztendlich wieder das werden wollen in der Größe, vom Landumfang her, aber auch von der Stellung her in Europa, die uns zusteht. Wir waren jung und beeinflussbar. Und wer will nicht gerne hören, dass unsere Armee die beste der Welt ist. Das will ich gerne zugeben, da war ich naiv. Das habe ich geglaubt.

H: Als Sie befördert wurden, hatte schon der Reichstagsbrand stattgefunden, da waren Sie 26 Jahre alt. Hatten Sie besondere Gefühle dabei? In welchem Maße trug er (der Reichsbrand) und die nachfolgenden Ereignisse wie zum Beispiel das Ermächtigungsgesetz oder das Gleichschaltungsgesetz für die Partei zu Ihrer Meinungsbildung bei?

S: Für mich, aber auch für viele Kameraden bedeutete das Ordnung schaffen. Die Reichswehr ist eine konservative Armee, die Ordnung braucht, um in Ruhe regieren zu können. Wir haben da wir wussten, dass von der Lubbe ein Kommunist war, der den Reichstag angezündet hatte, dass er dafür sorgen wollten, das Aufruhr und Chaos, eventuell sogar eine Revolution stattfinden könnte, haben wir es nur begrüßt, dass ein Mann hier Ordnung schaffen wird und außerdem geschaffen hat. Wir haben nicht so sehr nachgedacht. Wir haben ja auch nicht gewusst, was ich später erst erfahren habe, dass viele hunderte und tausende von, auch

Unschuldige verhaftet wurden. Das kriegen sie in der Kaserne nicht mit, weil man uns nicht verhaftet hat.

S: Ja gut! Die Entwicklung ging ja weiter. Die Erfolge Hitlers betrafen das Saarland. Es wurde heimgeholt ins Reich, denn es war unter Völkerbundkontrolle ursprünglich, es war ja nicht unter deutscher Verwaltung. Es kam durch einen Volksentscheid wieder zu Deutschland zurück. Oder die Aufhebung von Rüstungsbeschränkungen vom Flottenbau oder der Einmarsch in die linksrheinischen Gebiete unter Verletzung des Versailler Vertrages, der Lucarno Verträge des Münchener Abkommens. Bei der Besetzung des Sudetengebietes waren Sie dabei. Sie als Soldat hätten für sich doch dies als eine große Chance sehen müssen, eine große militärische Karriere machen zu können. War das so?

S: Der Einmarsch ins Sudetenland, den ich, sagen wir mal, als normaler Führer oder Offizier durchgeführt habe, war eine Erleichterung, denn wir wurden begrüßt von Deutschen, die unsere Sprache sprachen, die heilfroh waren, das wir, die neue Wehrmacht dort einmarschiert waren.

Das war für uns kein Unrecht sondern es war, wie der Führer damals gesagt hatte „ein heim ins Reich holen". Wobei ich 1937 durch Zufall in meiner Garnisonsstadt erlebt habe, als ich nachts mit einigen Kameraden nach Hause ging, wie wahrscheinlich die GESTAPO morgens früh vor ein Haus gefahren ist und aus einer Wohnung einfach mehrere Leute herausgeholt.

Wo schon die Frage war, was passiert hier. Sind es Kriminelle, Politische, Linke oder passiert hier ein Unrecht. Hier habe ich zum ersten Mal mein Rechts- oder Unrechtsbewusstsein die Frage gestellt.

H: Hat das eine Rolle gespielt in Bezug auf die Karriereaussichten, die Sie hatten?

S: Nein, in dem Moment nicht. Sie sind jung, sie sind konform mit dem was die Wehrmacht war. Sie sind willig und bereit auch für Deutschland ihr Leben einzusetzen.

H: Sie sind aber nicht nur Militär gewesen, sondern sie sind auch ein Familienvater gewesen und nach allem was man weiß, wenn man sich ihre Familienfotos ansieht, ein sehr liebender Vater gewesen, der auch ein gutes Verhältnis zu seinen Kindern hatte. Kam Ihnen der Gedanke, dass ihre Kinder eines Tages im Kriege vor Ihnen fallen könnten?

S: Diese Gedanken habe ich mir natürlich auch gemacht. Jedoch waren die Kinder in einem Alter, wo man eher darüber nachdachte welche Schul sie besuchen sollten, welche Stärken, welche Fähigkeiten sie haben und wo man eventuell unterstützend eingreifen sollte, wenn es um Schwächen. Sie sind als Vater, in diesem Alter, in dem sie befanden als ich noch lebte, haben sie nicht daran gedacht, ob diese Kinder eines Tages fallen würden. Mir war nur klar, dass dieses Unrechtsregime, das bis 1938-39 Erfolge erzielt hat, plötzlich über andere Länder herfiel und hat sich dann immer mehr zu einem Monster entwickelt, dessen Arme sich in Europa immer mehr ausbreiten. Das hatte nichts mehr mit Deutschland zu tun mit Deutschlands Ehre zur Wiederherstellung als gleichberechtigte Nation unter allen europäischen Ländern. Sonder hier ging es allein um Macht, der Macht des Nationalsozialismus über die Juden. Das ist etwas, was für mich als Stauffenberg nicht mehr konform laufen konnte. So habe ich mich immer mehr von diesem Gedanken verabschiedet, dass es hier um die Ehre und Größe Deutschlands ging. Es ging hier nur um die Macht, den Größenwahn eines Einzelnen.

………..

Das ist nur ein Beispiel für ein Interview mit einer historischen Persönlichkeit. Ich habe noch nicht einmal erlebt, dass eine Person sich dem Interview verweigert hat. Bis auf eine besondere, die es sicherlich in sich hatte.

Ein Historiker, der sich mit Kleopatra beschäftigte und an meine Arbeit glaubte, wollte mit ihr sprechen. Bestimmte Dinge wollte er in Erfahrung bringen und bat mich um Hilfe.

Er selber wollte die Fragen stellen und evtl. auch nachfragen wenn etwas unklar war.

Ich versenkte mich und rief sie an. Normalerweise spüre ich, wenn eine Wesenheit kommt, in diesem Fall jedoch sah ich nur ein Bild.

Eine Art ägyptischer Tempel, beleuchtet von großen Fackeln tauchte auf. Ich sah auf eine Wand mit Bildern und links und rechts waren Gänge.

Plötzlich erschien aus dem rechten Gang
Kleopatra.

Sie kam mit etwa ein Dutzend Dienerinnen und
Wachen um die Ecke und sie erspähte mich
plötzlich. Ich erschien ihr wohl nicht ganz
standesgemäß, denn die Blicke der Königin hätten
eine ganze Armee von Sklaven töten können.
Wütend schmiss sie sich um ihre eigene Achse und
verschwand wieder in denselben Gang.

Mehrere weitere Versuche, sie anzurufen, blieben
unbeantwortet. Diese Dame bildet wohl eine
Ausnahme, sich darzustellen.

Vielleicht gibt es ja noch mehr solcher
Persönlichkeiten, die nicht gewillt sind, Antworten
auf Fragen zu geben. Auch solche Erfahrungen
gehören dazu und wir müssen es respektieren,
wenn sie keine Antworten geben wollen.

Die Untersuchung von Gebäuden und Plätzen bezüglich ihrer Geschichte

Jede Emotion, die wir erleben, hat auch eine energetische Qualität. Das bedeutet, wenn wir etwas sehr Intensives erfahren, dann entsteht mehr Energie, als wenn der Verstand eine Begebenheit verarbeitet.

Stellen wir uns doch mal ein Schlachtfeld vor. Zwei Parteien treffen aufeinander. Wie viele Gefühle wie Überlebensängste, Mut und Willen entstehen in den Menschen. Und das ist Energie pur. Alles das wird an diesem Platz ausgelebt und bleibt auch nach der Schlacht dort als eine Art Spur. Selbst nach Jahrhunderten wird dieses noch wahrgenommen.

In einem alten Gebäude lebten viele Generationen und alle haben sie dort Emotionen hinterlassen. Das Akasha-Feld speichert sie. Wenn ich nun auf einen solchen Platz oder an einen Ort komme, nehme ich die Schwingung wahr und kann darüber berichten. Das Gute ist, dass sich diese Schiene chronologisch öffnet, so dass ich von den Erbauern des Hauses zuerst berichte und dann langsam in die Gegenwart gehe. Es ist mir auch möglich, nur einzelne Personen oder Abläufe zu beschreiben. Ähnlich wie mit einer Film-DVD kann ich bestimmte Szenen heraussuchen und sie mir dann anschauen.

Oft tauchen viele Schicksale auf, die an dem Platz entstanden sind.

Viele Menschen interessiert es, was in den Häusern und Liegenschaften passiert ist und wer dort gelebt hat.

Wenn aber die Negativität überragt, dann rate ich immer zu einer gründlichen energetischen Reinigung. Als Medium sorge ich im ersten Schritt dafür, dass die alte Schwingung aus dem Gebäude hinausgedrückt wird. Der zweite Teil besteht darin, neue Energie durch mich als Vermittler in den Ort zu senden. Somit kann das Alte nicht mehr auf die heutigen Bewohner einwirken und diese können ihre eigene Kraft dort entfalten.

Manchmal sind die Plätze aber zusätzlich so stark durch Energielinien und Wasseradern verseucht, dass ich die Hilfe eines bekannten schleswig-holsteinischen Geomanten in Anspruch nehme. Mit mehr als dreißigjähriger Erfahrung reinigt Hans Hansen sorgfältig, gründlich und effektiv die gewünschten Orte.

Beispiel:
Auch bei der Suche nach verschollenen Orten habe ich sehr viele Erfahrungen sammeln können. In einem Fall wollte eine historische Gesellschaft wissen, wo eine Turmburg gestanden hatte. Genaues war nicht bekannt und auch im Feld konnte man nichts entdecken. Es dauerte einige Zeit bis ich deutlich in meinen Händen eine veränderte Energie spürte. Ich nahm meinen Skizzenblock und zeichnete genau auf, wo sich was befand. Leider war dort nicht sehr viel

passiert, so dass ich kaum Bilder bekam. Was ich aber sah, genügte dem Verein, um sich ein Bild aus vergangener Zeit zu machen.

In einem zweiten, weitaus interessanteren Fall wurde ich inoffiziell vom Museumsdirektor des Archäologischen Museums in Vejle, Dänemark um Hilfe gebeten.

Sie hatten in Erritsö (zu Deutsch Errits Insel) direkt am kleinen Belt eine Wikingersiedlung ausgegraben. Ich sollte mich nun einmal umschauen und berichten, was ich als Informationen empfangen würde.

Schon nach kurzer Zeit wurde es spannend. Denn vor meinem geistigen Auge sah ich Holzhäuser, Ställe und einen Wall aus Holz und Erde. Ich hatte schon häufiger Bilder von solchen Siedlungen gesehen. Sie ähnelten dem was ich wahrnahm.

Es begann sich in meinem geistigen Bild zu bewegen und es entstand eine spannende Geschichte. Das Dorf wurde überfallen und niedergebrannt. Es kam noch zu einigen Kämpfen aber die Angreifer waren den Verteidigern überlegen.

In dem Haupthaus sah ich plötzlich den Häuptling Errit, wie er sich gegen drei Krieger zur Wehr setzte. Doch sie standen um ihn herum und er konnte sich nicht gleichzeitig gegen alle erwehren. Mit mehreren Schwerthieben streckten sie ihn zu Boden. Unfähig sich zu wehren, verblutete dieser mächtige Mann langsam. Dabei kamen so viele Emotionen in ihm hoch, die ich nun wahrnehmen konnte.

116

Die Burg wurde niedergebrannt und alles blieb so liegen. Die Angreifenden raubten und plünderten nichts. Es schien ihnen darauf angekommen zu sein, nur die Männer des Dorfes und allen voran, ihren Anführer auszuschalten. Der hatte Vielen umfangreichen Ärger gemacht und das hatten sie nun ein für allemal geändert.

Ich bin dabei aus dieser Vision einen spannenden Roman entstehen zu lassen, so sehr hatte mich diese Geschichte inspiriert.

Nachdem die Bilder verschwunden waren, machte ich mich daran, den Boden genauer zu untersuchen. Das Langhaus, der Versammlungsort wurden von mir gefunden und wiederum tauchten Aufnahmen vor meinem Auge auf. Es war stickig in dem Gebäude und es stank nach Qualm. Zudem rochen die anwesenden Männer auch nicht gerade sehr gut. Es wurde getrunken und die Männer diskutierten um Alltagsprobleme.

Ich sah, wie einige nach draußen gingen, um draußen gegen den Wall zu pinkeln. Frauen versorgten in den Ställen Tiere, kümmerten sich um die Kinder, während sich die Krieger im Langhaus vergnügten.

Ich zeichnete auf, wo welches Haus stand und beschrieb es. Es war so unglaublich spannend für mich in eine Zeit abzutauchen, wo sonst keiner mehr hin begeben kann.

Der Museumsdirektor war sehr zufrieden mit meiner Arbeit, denn es half ihm, ein tieferes Verständnis für die damaligen Bewohner zu bekommen.

Erlebnisse der besonderen Art

Kontakt mit dem Mysteriösen

Als Medium werde ich natürlich immer mal wieder mit Fällen konfrontiert, die nichts mit der Energetik oder anderen Bereichen meiner Tätigkeit zu tun haben. Ich will sie ihnen, meine Leser, nicht vorenthalten, weil die mysteriösen Fälle auch ein Teil meiner Begabung sind.

Fallbeispiele:

Tinglev

Eines Tages rief mich eine Frau mit dänischem Akzent an. Sie hatte außergewöhnliche Probleme in ihrem Haus und ich sollte möglichst schnell kommen. Auf meine Frage, was denn los sei, erwiderte sie nur, dass alle in ihrer Familie am Ende seien und ich helfen müsste. Sie wollte auch gern mehr bezahlen, Hauptsache ich käme zu ihnen.

So vereinbarten wir einen Termin und ich fuhr nach Tinglev. Diese kleine Stadt liegt etwa dreißig Kilometer nördlich der deutsch-dänischen Grenze.

Das Gebäude, um das es ging, war ein altes Schulhaus mit einem großen und schönen Garten. Es öffnete eine Frau, Mitte dreißig, die verstört und ängstlich drein blickte.

Ich wurde hineingebeten und bekam, wie in Dänemark üblich, erst einmal eine große Tasse Kaffee.

Und dann begann sie zu erzählen. Das Haus hätten sie vor einem knappen Jahr günstig gekauft. Über den Preis hätten sie sich schon gewundert und auch, das die Vorbesitzer sofort nach der Unterschrift unter dem Vertrag auszogen. Erzählt hatten die ehemaligen Besitzer nichts, jedoch dachten sie nur, dass die das Geld dringend benötigten.

Sie zogen ein und alle fühlten sich wohl. Nur die beiden Kinder berichteten, dass sie ab und zu spürten, dass jemand anwesend war, den sie nicht sehen konnten.

Aber das wäre wohl nur die Phantasie der Kinder war die Meinung der Eltern. Eines Morgens jedoch ging die Hausfrau in die Küche, nachdem sie die Kinder zur Schule gefahren hatte. In der Küche wurde sie überrascht von einer Eiseskälte, obwohl es Sommer war und die Sonne draußen schien.

Wie eine Brücke von einer Ecke ausgehend zum Flur war es um einige Grad kälter. Sie schaute nach, ob der Kühlschrank oder der Tiefkühlschrank offen standen. Dem war aber nicht so. Nach ca. einer Minute verschwand dieses Phänomen wieder. In den nächsten Tagen erlebte sie dies noch zweimal im Haus an verschiedenen Stellen.

Danach herrschte wieder Ruhe. Ihr Mann glaubte ihr zwar, aber für ihn war es als Handwerker nicht fassbar, wie so etwas möglich sei.

Nach drei Wochen kam die Frau morgens ins Wohnzimmer. Dort brannte Licht. Sie war sich aber sicher, dass sie das Licht am Abend zuvor ausgeschaltet hatte. In den folgenden Tagen war in verschiedenen Zimmern immer wieder die Beleuchtung an, ohne dass es angeschaltet worden war.

Im Kinderzimmer spielten beide Kinder am Tage und bemerkten, dass plötzlich irgendjemand im Zimmer war, ohne dass sie eine Person sehen konnten. Und dann machte es Klack und der Schalter war umgelegt. Das Licht an der Decke brannte. Auch dieser Spuk dauerte einige Tage.

Im Herbst wartete die nächste Überraschung auf die Familie. Die Erwachsenen kümmerten sich um das Frühstück, als sie vom Dachboden her ein Wimmern und Weinen hörten. Auf dem Land in Dänemark ist es üblich, dass die Haustüren nicht abgeschlossen werden und so lag die Vermutung nahe, dass sich ein fremdes Kind hinein geschlichen hatte und nun nicht mehr herausfand. Sie schritten also die Treppe zum Boden hinauf. Mit dem Öffnen der Dachbodentür verstummten die Geräusche. Trotz einer eingehenden Untersuchung fanden sie keinen Hinweis auf ein Kind.

Ihnen wurde jetzt doch etwas mulmig zumute. Sie begannen vorsichtig nachzufragen, bei den Nachbarn und in der Stadt. Aber keiner wusste von solchen Begebenheiten. Selbst ein pensionierter Lehrer, der zwanzig Jahre dort unterrichtet hatte, konnte sich an solche Ereignisse nicht erinnern. Das einzige war, das sich während des Krieges auf dem Dachboden einige Partisanen aus der Gegend trafen und dort Waffen versteckt gewesen sein sollen. Aber sonst? Nur Achselzucken.

Und dann kam der Höhepunkt. An einem Abend wollte die Familie essen gehen mit Freunden. Um aber zu vermeiden, dass sich jemand mit den Leuten ein Spaß erlauben würde, schlossen sie alle Fenster und die Tür wurde ebenfalls verriegelt. Sämtliche Lichter waren aus und sie fuhren vom Hofplatz.

Zwei Stunden später kamen sie gut gelaunt zurück. Sie bogen um die Ecke auf den Vorplatz und erschraken. Die Haustür stand offen und im Flur brannte Licht. Der Mann bremste ab, machte den Motor aus und holte aus dem Kofferraum einen Vorschlaghammer. Der Kerl war fast zwei Meter groß und arbeitete auf dem Bau, hatte also keine Angst vor irgendwelchen körperlichen Auseinandersetzungen.

Er schlich sich ans Haus und konnte durch die Milchglasscheibe der Eingangstür weiter hinten zwei Männer sehen, die sich heftig unterhielten. Die kriege ich jetzt, dachte er so bei sich und rannte los in den Flur hinein. Sofort war das Licht aus und die Stimmen verstummten.

Er durchsuchte alle Räume, aber sie waren nicht zu finden. Auch heraus gekommen waren sie nicht. Am nächsten Tage wurde das Haus rund herum nach Spuren abgesucht, aber nichts war zu finden.

Alle waren sie völlig fertig. Zunächst brachten sie die Kinder bei Verwandten unter, damit denen nichts geschehen konnte.

Über einen dänischen Kollegen hatten sie von mir gehört und nun saß ich in dem Haus. Eine energetische Untersuchung des Domizils erbrachte in dem Moment kein Ergebnis, denn die Energien flossen ruhig. Ich konnte aber deutlich wahrnehmen, dass sich oberhalb des Gebäudes eine Kraftquelle befand, die ich nicht deuten konnte. Etwas Magisches aber auch Unheimliches ging von ihr aus.

Irgendetwas war durch die Konstellation Menschen -/Haus angezogen worden. Sie fragten um Rat. Ausziehen wollten sie nicht, denn alle fühlten sich sonst dort wohl. Aber die Angst stand natürlich im Raum, dass es immer schlimmer werden würde. Ich selber hatte auch keinen Rat aber ich kannte einen Geomanten in der Nähe von Tinglev. Den rief ich am anderen Tag an und schilderte die Situation. Er war bereit, sich das einmal anzuschauen und fuhr dorthin. Der spürte das Gleiche und machte sich sofort an die Arbeit, es zu reinigen. Ganz scheint sich das aber nicht abgelöst zu haben, denn dann und wann tauchen immer noch mal kleinere Phänomene auf. Aber die Familie hatte gelernt, damit zu leben.

Husum

Vor zehn Jahren wurde ich nach Husum gebeten. In einem Haus in der Innenstadt waren unerklärliche Dinge passiert. Ich fand dort einen Grafikdesigner, Mitte zwanzig vor, der sich vor einigen Monaten selbstständig gemacht und vor einiger Zeit eine Aushilfe eingestellt hatte. Die hatte Zigeuner als Vorfahren und war selbst medial begabt.

Ich wurde in sein Wohnzimmer gebeten. Seine Wohnung lag direkt hinter dem Laden. In diesem Raum war es kalt, sehr kalt sogar. Eine Art Eises- oder Todeskälte spürte ich. Ich berührte die beiden Heizungen, die glühten und objektiv war es in diesem Zimmer 28° warm. Gefühlt war dieser Raum eine Kühlkammer. Keiner konnte sich das erklären. Auch Zugluft konnte die Ursache nicht sein, denn zwei Kerzen auf dem Tisch brannten gerade herunter. Wir tranken erst einmal einen wärmenden Kaffee. Nun berichtete er von folgenden Dingen, die bei ihm passiert waren.

Da wäre also zunächst die Kälte nur in diesem Zimmer. Doch vor einem Monat war er in den Keller herunter gegangen um etwas aus seinem dortigen Raum zu holen. Er öffnete die Tür, griff zum Lichtschalter und legte den Schalter um. Jedoch blieb es dunkel. In diesem Halbdunkel sah er in der entgegen gesetzten Ecke einen Mann in einem blauen Overall aufgehängt an der Decke hängen. Allerdings waren die unbedeckten Körperteile leicht verschwommen gewesen.

Natürlich erschrak er und lief nach oben, um zwei anwesende Freunde zu holen. Alle drei schritten vorsichtig nach unten. Als einer das Licht erneut einschalten wollte, ging es plötzlich an und die Erscheinung war verschwunden. Unser Grafiker verstand die Welt nicht mehr. Nur meinte er daraufhin, dass die Kälte im Wohnzimmer aus dem Keller kommen könnte. Denn der Raum lag direkt unter dem besagten Wohnraum.

In den nächsten Wochen drangen immer mal wieder undefinierbare Geräusche aus den

Kellerräumen. Schaute er nach, fand sich nichts. Auch Tiere konnten ausgeschlossen werden.

Unsicher geworden, fragte er die Nachbarn, ob die ebenfalls etwas gehört hätten. Sie bejahten es, dachten aber, es sei eben dieser Grafiker gewesen. Nur einer der Mitbewohner erzählte, dass vor einigen Jahren ein Polizist mit seiner Familie dort eingezogen und nach wenigen Wochen wieder ausgezogen sei. Andeutungen der Polizistenfrau gingen dahin, dass es in diesem Haus wohl spuken würde und sie nicht länger hier bleiben wollten. Mehr wusste der Nachbar aber auch nicht.

Wieder einige Wochen später hörte er, das seine Mitarbeiterin und auch einige Freunde über Tage und auch abends gehört hätten, dass eine männliche Stimme mit einem Kind schimpfte und dieses weinte. Über ihm wohnte ein italienischer Kellner, der aber allein dort lebte. Nach einigen Tagen sprach der Grafiker seinen Übermieter an, warum er denn häufiger mit dem Kind schimpfen und es vor allem abends auch alleine lassen würde, da er ja arbeiten musste.

Der soll ihn nur verwundert angeschaut und gesagt haben, dass er allein wohnen und kein Kind bei ihm leben würde. Der schien ihn wohl für verrückt zu halten.

Nachdem ich alles untersucht hatte, aber nichts finden konnte, befragte ich die Mitarbeiterin. Sie berichtete mir, dass in ihrer Familie starke mediale Fähigkeiten vorgekommen seien. Auch sie könnte manchmal Dinge vorhersagen. Außerdem gab sie zu, unter starken Spannungen zu leiden, denn ihr Freund hatte sie verlassen und ihre finanzielle

Situation war auch nicht gerade besonders rosig. Und auf mein Befragen hin, gab sie auch zu, unter starken sexuellen Spannungen zu leiden. Sie hatte ein großes Bedürfnis nach Sex, aber im Moment hatte sie niemandem, mit dem sie es ausleben könne.

Und diese ganzen Gereiztheiten sorgten wahrscheinlich dafür, dass die ganzen Phänomene auftauchten. Mein Rat war, dass sie sich entspannen sollte durch Yoga, Meditation usw. Und ich machte ihr den Vorschlag, sich vielleicht nur mal einen Mann zu suchen, mit dem sie ihre sexuelle Energie leben könnte.

Durch eine Bekannte von dem Mieter habe ich gehört, das sie zumindest dem Ratschlag gefolgt sei, sich häufiger zu entspannen, was wohl dazu führte, das die Phänomene weniger wurden.

Als ich nach fast einem Jahr mal wieder in der Gegend war, wollte ich nachfragen, wie es weiter gegangen ist. Aber das Geschäft gab es nicht mehr. So kann ich über kein Happy End berichten.

Erlebnisse mit Gerd
Ich arbeitete mit einer Familie, wobei es um andere Themen ging, als der Tod. Doch war durch einen Unglücksfall der Bruder der Ehefrau gestorben. Er lebte sehr materialistisch und hatte eine besitzergreifende Natur. Ehemann und Frau waren in seiner Wohnung gewesen und wollten einen Überblick gewinnen, was alles auf sie zukommen würde im Falle der Haushaltsauflösung. Beide spürten, als sie Schränke öffneten, um sich zu

informieren, dass der Verstorbene noch da war. Ich wurde gefragt, ob ich helfen könne, dass er geht.

Ein Kollege hat mir einiges beigebracht, was die Ablösung von Verstorbenen angeht. Meine Hilfe sollten sie bekommen, jedoch machte ich ihnen gleich klar, dass ich nichts versprechen könne.

Wir trafen uns in seiner Wohnung und auch der sechszehnjährige Sohn war da. Diesen Dingen gegenüber war er immer sehr aufgeschlossen und er wollte gern dabei sein. Die Eltern waren damit einverstanden, so dass wir loslegen konnten.

In der Mitte des Wohnzimmers stellten wir einen Stuhlkreis auf und hinter ihm einen zweiten Kreis mit Teelichtern.

Ich begann den Toten mit Namen zu rufen und wir spürten, dass sich etwas veränderte. Aus einer Ecke, wo der Fernseher stand, kam auf einmal eine Kältebrücke und ging erst kurz zur Frau und dann nahm der Geist wohl den Sohn war. Diese Erscheinung hatte die Absicht von ihm Besitz zu ergreifen. Ich spürte, wie die eisige Energie zu ihm zog. Nun war schnelles Eingreifen meinerseits gefragt. Ich stellte mich zwischen den Beiden auf und befahl mit einem sehr energischen und lauten Ton sofort den Plan aufzugeben durch seinen Neffen weiter leben zu wollen. Er solle sich unverzüglich dahin zurückziehen, woher er gekommen war. Innerhalb von drei Sekunden war das Phänomen nicht mehr zu spüren.

Nun konnten wir das Ritual zur Ablösung durchführen und es gab keinen weiteren Zwischenfall mehr.

Schaukelstuhl

In einem über einhundert Jahre alten
Zweifamilienhaus lebten eine Familie mit zwei
Kindern und die Mutter des Mannes.

Weit über achtzig Jahre alt geworden, verstarb sie
friedlich. Sie war immer ein Familienmensch
gewesen, die ihre Sippschaft schlecht loslassen
konnte. Immer waren Sorgen mit im Spiel, ob es
ihren Lieben auch gut ginge.

Sie wurde beerdigt und nach einigen Tagen begann
man, vieles im Haus zu verändern. Und damit fing
es an. Zunächst fiel scheinbar zufällig ein Bild, das
Oma besonders schätzte ohne Grund von der Wand
und zerbrach. Mehrere Glühbirnen gingen kurz
hintereinander in die Brüche.

Als nächstes stellte der Sohn den geliebten
Schaukelstuhl auf den Dachboden.

Abends saßen die Eltern im Erdgeschoß im
Wohnzimmer zusammen und lasen. Von oben kam
plötzlich ein knarrendes Geräusch, als wenn ein
Schaukelstuhl sich in Bewegung setzte. Nun
dachten sie, dass die Kinder heimlich auf den
Dachboden gegangen waren, um dort noch ein
wenig zu spielen. Die aber lagen friedlich im Bett
und schliefen.

Und als sie auf den Dachboden nachschauten,
stand der Stuhl da, so wie der Sohn ihn hingestellt
hatte. Das Schauspiel passierte in den nächsten
Tagen immer wieder. Selbst als der Stuhl auf den
Kopf gestellt wurde, kamen die Geräusche. Und

die Bewohner nahmen einen Geruch war, den sie von der Oma her kannten. Nun musste Hilfe her.

Über mehrere Stellen erfuhren sie von mir und baten mich um Mithilfe. Allerdings musste ich dreimal das Ablöseritual durchführen, weil die Verstorbene so schlecht loslassen konnte. Aber es gelang uns, sie dorthin zu bringen, wo ihr weiterer Weg auf sie wartete.

Mein persönliches Nichtrauchertraining

Ja, ich gebe zu, gleich zu Anfang des Kapitels, ich habe auch geraucht! Und ich konnte aufhören damit und habe somit eine Menge Geld gespart und viel für meine Gesundheit getan.

Was ich kann, das können sie doch schon lange, oder? Wie ich ihnen dabei helfen kann, das schreibe ich jetzt nieder.

Zunächst sei gesagt, dass ich vor allem gern mit Gruppen arbeite. Denn dort entsteht eine eigene Dynamik, die den Willen, mit dem Rauchen aufzuhören noch erheblich verstärkt.

Neben einigen Akupressur- und Ohrakupunkturpunkten sowie die Homöopathie hilft vor allem eins: meine Tiefensuggestion.

Nach einer Tiefenentspannung unternehmen die Teilnehmer eine Reise zu ihrem Suchtzentrum, um es von dieser zu reinigen. Meine mentale Fähigkeit besteht darin, mittels meiner Gedankenkraft jeden einzelnen von seiner Sucht zu befreien. Das Unterbewusstsein wird dahingehend bearbeitet, das es sich von den Ursachen, die zum Rauchen geführt haben, befreit. Ich reinige dann noch die Gedanken von dem Gefühl des Schmachtens und verschließe den Energiekörper wieder. Hin und wieder spüre ich bei den Menschen auch, dass einige gar nicht aufhören wollen, weil sie es noch brauchen. Bei denen habe ich auch keinen Erfolg. Bei allen anderen klappt es meistens auf Anhieb. Erfahrungswerte, die ich im Laufe der Jahre gemacht habe, zeigen, das durchschnittlich 6 von 10 Leuten sofort aufhören zu rauchen, zwei schaffen es innerhalb weniger Tage oder verringern ihren Zigarettenkonsum drastisch und hören dann auf. Den beiden letzten gelingt es dann vielleicht noch später oder sie wiederholen das Seminar und schaffen es dann.

Zudem teste ich noch aus, welches persönliche homöopathische Einzelmittel den Patienten stärkt.

So schaffen auch sie es, innerhalb weniger Stunden das Rauchen aufzugeben, wenn sie und auch ihr Unterbewusstsein es wollen.

Da meine persönliche Kraft dafür sorgt, dass die Ursache behoben wird, ist es auch auf Dauer angelegt. Nur selten höre ich von einem Rückfall. Das zeigt mir, dass die Arbeit wirkt und somit jeder Mensch sein Erfolgserlebnis bekommt.

Das spannende bleibt immer die Arbeit, die die Teilnehmer nicht bemerken. Die Energietherapie, das Suchtzentrum zu veröden ist das wichtigste Instrument einer solchen Raucherentwöhnung. Sie ist sehr wirkungsvoll, da sie an die Ursache herangeht und diese auflöst.

Nachwort

Glaube oder Nichtglaube, wer glaubt gewinnt.
Nun haben sie einen Eindruck gewonnen, was
Medialität ist und wie ich damit arbeite. Natürlich
können sie sagen, es wäre alles Humbug, alles
erstunken und erlogen. Aber machen sie es sich
dann nicht zu einfach? Kann es nicht Dinge geben,
die unsere Wissenschaft noch nicht beweisen
kann? Und vor allem, warum hilft es dann? Sind
alle meine Patienten und Teilnehmer so
beeinflussbar, das sie an alles glauben nur um
wieder gesund zu werden?

Ich habe Ärzte, Staatsanwälte, Richter, Professoren
aller Fachrichtungen und viele andere
Verstandesdenker in der Praxis gehabt. Vieles
konnten sie sich nicht erklären, aber sie standen
alle auf dem Standpunkt: „Wer heilt hat Recht".
Und das spricht für sie, dass sie sich nicht hinter
der Wissenschaft verstecken, sondern neue,
alternative Wege gehen.

Und was ist mit Babys, Tieren und Pflanzen, die
ich auch behandelt habe? Eine Beeinflussung ist
nicht möglich und doch wirken diese Kräfte auch
bei denen.

Ich will sie nicht überzeugen, dass sie nun
plötzlich an Dinge glauben sollen, die sie eben erst
gelesen haben. Aber meine Bitte ist die, uns
Medien nicht gleich auf den Scheiterhaufen zu
schicken, sondern unsere Fähigkeiten zu prüfen.
Wenn sie seriös erscheinen, dann nehmen sie die
Hilfe doch in Anspruch. Auch ich kann nicht jeden
heilen, so wie meine KollegenInnen auch nicht.

Aber wem geholfen werden will, dem streckt das Leben eine Hand hin und manchmal kommt sogar ein Wunder zustande.

Wenn sie überzeugt sind, das meine Arbeit etwas bewirkt im Menschen, dann erzählen sie es weiter. Denn nur durch eine Mund zu Mund Propaganda werde ich weiterempfohlen. Und wenn sie jemandem davon berichten, geben sie ihm auch die Chance, ein Stück heiler zu werden.

Ich bedanke mich für den Kauf des Buches und wünsche ihnen für ihren weiteren Lebensweg alles Gute.

Peter Freiherr von Frankenberg

Peter Freiherr von Frankenberg
Am Ochsenmarkt 41 – 24937 Flensburg
Tel. 0461 – 5700626
Handy 0170 – 9344438
Mail frankenberg@foni.net
Net www.peter-frankenberg.de

Herstellung und Verlag: Books on Demand GmbH, Norderstedt

ISBN 978-3-8391-2515-1